北大版对外汉语教材·基础教程系列

风光汉语

初级口语 II

FENGGUANG HANYU

丛书主编／齐沪扬
丛书副主编／张新明　吴　颖
主　　　编／蔡　瑱
编　　　著／蔡　瑱　沈君莉　王永帅　李　路
韩文翻译／朴民圭

北京大学出版社
PEKING UNIVERSITY PRESS

图书在版编目(CIP)数据

风光汉语:初级口语Ⅱ/蔡瑱主编.—北京:北京大学出版社,2010.1
(北大版对外汉语教材·基础教程系列)

ISBN 978-7-301-15704-6

Ⅰ.风… Ⅱ.蔡… Ⅲ.汉语—听说教学—对外汉语教学—教材 Ⅳ.H195.4

中国版本图书馆CIP数据核字(2009)第157017号

书　　　名:风光汉语:初级口语Ⅱ
著作责任者:蔡　瑱　主编
责 任 编 辑:旷书文
韩 文 翻 译:朴民圭
标 准 书 号:ISBN 978-7-301-15704-6/H·2304
出 版 发 行:北京大学出版社
地　　　　址:北京市海淀区成府路205号　100871
网　　　　址:http://www.pup.cn　新浪官方微博:@北京大学出版社
电 子 信 箱:zpup@pup.pku.edu.cn
电　　　　话:邮购部 62752015　发行部 62750672　编辑部 62752028　出版部 62754962
印　刷　者:北京虎彩文化传播有限公司
经　销　者:新华书店
787毫米×1092毫米　16开本　16.75印张　382千字
2010年1月第1版　2025年9月第4次印刷
定　　　价:48.00元

未经许可,不得以任何方式复制或抄袭本书之部分或全部内容。
版权所有,侵权必究
举报电话:010-62752024　电子信箱:fd@pup.pku.edu.cn

前 言

随着社会经济的发展，旅游日益成为人们生活中密不可分的重要部分。世界各地和中国都有着丰富的旅游资源，来中国旅游的外国游客数量逐年递增，中国公民的境外游人数也以惊人的速度上升。据世界旅游组织预测，到2020年，中国将成为世界上第一大旅游目的地国和第四大客源输出国。这种不断发展的新态势，促使日益兴旺的对外汉语教学事业需要朝着多元化的方向发展：不仅要满足更多的外国人学习汉语的需要，而且还要培养出精通汉语，知晓中国文化，并能够用汉语从事旅游业工作的专门人才。大型对外汉语系列教材《风光汉语》，正是为顺应这一新态势而编写的。

上海师范大学对外汉语学院设有HSK（旅游）研发办公室。作为国家级重点项目"汉语水平考试（旅游）"的研发单位，依靠学院自身强大的学科优势与科研力量，经过详尽的调查分析与严密的科学论证，制定出"HSK [旅游] 功能大纲"和"HSK [旅游] 常用词语表"，为编写《风光汉语》奠定了重要的基础。而学院四十多年的对外汉语教育历史和丰富的教学经验，以及众多专家教授的理论指导和精心策划，更是这套教材得以遵循语言学习规律，体现科学性和适用性的根本保证。

上海师范大学对外汉语学院2005年申报成功上海市重点学科"对外汉语"。在重点学科的建设过程中，我们深刻地认识到教材的编写与科学研究的支撑是分不开的。HSK（旅游）的研发为教材的编写提供了许多帮助，可以这么说，这套教材就是HSK（旅游）科研成果的转化形式。我们将这套教材列为重点学科中的科研项目，在编写过程中给予经费上的资助，从而使教材能够在规定的期限内得以完成。

从教材的规模上说，《风光汉语》是一套系统性强对外汉语系列教材，共分26册。从教材的特点上说，主要体现在以下几个方面：

一、系统性

在纵向系列上，共分为六个等级：初级Ⅰ、初级Ⅱ；中级Ⅰ、中级Ⅱ；高级

Ⅰ、高级Ⅱ。各等级在话题内容、语言范围和言语技能的编排顺序上，是螺旋式循环渐进的。

在横向系列上，各等级均配有相互协调的听、说、读、写等教材。在中、高级阶段，还配有中国社会生活、中国文化等教材。

因此，这套教材既可用作学历制教育本科生的主干教材，也适用于不同汉语学习层次的长期语言生。

二、功能性

教材以"情景–功能–结构–文化"作为编写原则，课文的编排体例以功能带结构，并注重词汇、语法、功能项目由浅入深的有序渐进。

此外，在着重培养学生汉语听、说、读、写的基本技能，以及基本言语交际技能的前提下，突出与旅游相关的情景表现（如景区游览、组织旅游、旅游活动、饭店实务等），并注重其相关功能意念的表达（如主客观的表述、旅游社交活动的表达、交际策略的运用等），努力做到语言训练与旅游实务的有机统一。

三、现代性

在课文内容的编写方面，注重在交际情景话题的基础上，融入现代旅游文化的内容。同时，较为具体地介绍中国社会的各个侧面、中国文化的主要表现与重要特征，以使教材更具创新性、趣味性、实用性和现代感。

四、有控性

教材力求做到词汇量、语法点、功能项目分布上的均衡协调、相互衔接，并制定出了各等级的词汇、语法和功能项目的范围与数量：

● 词汇范围

初级Ⅰ、Ⅱ以汉语词汇等级大纲的甲级词（1033个）、部分乙级词和HSK（旅游）初级词语表（1083个）为主，词汇总量控制在1500–2000个之间。

中级Ⅰ、Ⅱ以汉语词汇等级大纲的乙级词（2018个）、部分丙级词和HSK（旅游）中级词语表（1209个）为主，词汇总量（涵盖初级Ⅰ、Ⅱ）控制在3500–4000个之间。

高级Ⅰ、Ⅱ以汉语词汇等级大纲的丙级词（2202个）、部分丁级词和HSK（旅游）高级词语表（860个）为主，词汇总量（涵盖初级Ⅰ、Ⅱ和中级Ⅰ、Ⅱ）控制在5500–6000个之间。

● 语法范围

初级Ⅰ、Ⅱ以汉语语法等级大纲的甲级语法大纲（129项）为主。

中级Ⅰ、Ⅱ以汉语语法等级大纲的乙级语法大纲（123项）为主。

高级Ⅰ、Ⅱ以汉语语法等级大纲的丙级语法大纲（400点）为主。

● 功能范围

初级Ⅰ、Ⅱ以HSK（旅游）初级功能大纲（110项）为主。

中级Ⅰ、Ⅱ以HSK（旅游）中级功能大纲（127项）为主。

高级Ⅰ、Ⅱ以HSK（旅游）高级功能大纲（72项）为主。

此外，在语言技能的训练方面，各门课程虽各有侧重、各司其职，但在词汇、语法、功能的分布上却是相互匹配的。即听力课、口语课中的词汇、语法与功能项目范围，基本上都是围绕读写课（或阅读课）展开的。这样做，可有效地避免其他课程的教材中又出现不少新词语或新语法的问题，从而能在很大程度上减轻学生学习和记忆的负担。同时，这也保证了词汇、语法重现率的实现，并有利于学生精学多练。因此，这是一套既便于教师教学，也易于学生学习的系列性教材。

本教材在编写过程中，得到北京大学出版社的大力支持：沈浦娜老师为教材的策划、构架提出过许多中肯的意见，多位编辑老师在出版此教材的过程中，更是做了大量具体而细致的工作，在此谨致诚挚的谢意。这套教材在编写过程中，曾经面向学院师生征集过命名，说来也巧，当初以提出"风光汉语"得奖并最终成为书名的旷书文同学，会被沈浦娜招致麾下，并成为她的得力干将，在这套教材出版联络过程中起到极大的作用。

最后要说明的是，本教材得到上海市人文社会科学重点研究基地的资助，基地编号：SJ0705。

齐沪扬　张新明

说　明

《风光汉语——初级口语》是基础汉语口语教材，分Ⅰ、Ⅱ两册。在话题、场景和人物方面与《风光汉语——初级读写》保持基本一致。通过这两册教材（共70课）的学习，学生能够在日常生活、旅游、学习和工作等场合，比较自如、熟练地运用汉语与他人交流，完成一般的口语交际任务。

《风光汉语——初级口语Ⅱ》中出现的主要人物有：

金大永，男，韩国留学生；

芳子，女，日本留学生；

黄佳佳，女，印度尼西亚留学生；

哈利，男，美国留学生；

丽莎，女，法国留学生；

李阳，男，中国大学生；

唐华，男，汉语老师。

本册课文中，人物的活动场所主要集中在旅游景点、旅游途中、旅行社、车上、市区、剧院、电影院、餐厅、宾馆（酒店）、商场、家庭、课堂、生日聚会等。课文的话题及情境主要是旅游活动（包括旅游安排、订票、订房间、旅游过程、旅游体会）、计划、经历、爱好、风俗习惯、做客、接待、观看节目（演出、电影）、交往、友情、爱情、居住、交通、环境、用餐、购物、学校生活、健康、工作等。

本册共出现约600个常用词语，平均每课20个生词。每篇课文的长度一般为350至450字。每课课文都围绕几个基础的语法点、常用表达法和功能项目展开。要求掌握的语言点（包括重点词语和语法项目）均编排在课后练习中。每一课课前有供学习者展开相关讨论的"热身"环节，方便教师有效组织、开展教学活动。

本册共30课，建议用约108学时（每周4-6学时，共18周）学完：1至20课平均每课用4学时，21至30课平均每课用4-6学时。

希望通过本册教材的学习，学生能在掌握汉语基本语音、语调及简单句式的基础上，进一步掌握并熟练运用更多的日常生活用语，能进行一般日常交际会话、表达自己的意图或叙述某一事件的基本内容等，培养学生的汉语口头交际能力。

本教材曾经在上海师范大学对外汉语学院经过多次试用和修改，相关的教师和学生对本教材提出不少宝贵的建议。出版社的沈浦娜主任、欧慧英、旷书文等多位编辑对本教材给予了很大的支持和帮助，在此一并致谢！

编 者

目 录

第 一 课	计划出游	1
第 二 课	在宾馆	9
第 三 课	海南游	18
第 四 课	中国的传统节日	27
第 五 课	去中国人家做客	36
第 六 课	节日里逛街	44
第 七 课	体育运动	53
第 八 课	上网	61
第 九 课	养宠物	68
第 十 课	学习生活	76
第十一课	口语学习	83
第十二课	中国的父母	91
第十三课	电影与杂技	99
第十四课	购物	107
第十五课	"农家乐"活动	115
第十六课	城市交通	124
第十七课	租房问题	132
第十八课	环境保护	141
第十九课	饮食	150
第二十课	抽烟与戒烟	159
第二十一课	健康第一	167

目 录

第二十二课	生日晚会	**175**
第二十三课	学习汉语的烦恼	**183**
第二十四课	爱情与将来	**191**
第二十五课	打工	**199**
第二十六课	旅行中的烦心事	**207**
第二十七课	中式婚礼	**216**
第二十八课	假期安排	**225**
第二十九课	理想的职业	**235**
第 三 十 课	送别	**244**
生 词 总 表		**252**

第一课

计划出游

热身 Warm up

1. 这个假期你做什么了？过得怎么样？
2. 你在假期里常常做什么？去旅游吗？跟旅游团去，还是自己去？
3. 你喜欢旅游吗？去什么地方旅游？怎么去？你知道怎么打电话订票（dìng piào; book the tickets）吗？

生词一 New words

1.	自助	zìzhù	（动）	self-help	자조하다. 스스로 돕다.	セルフサービス
2.	假期	jiàqī	（名）	vacation	휴가 기간. 휴가 때.	休暇
3.	打算	dǎsuàn	（名、动）	intend to; plan to	…하려고 하다. 계획하다.	~するつもりだ
4.	原来	yuánlái	（名）	in the beginning	원래. 본래.	もとは
5.	难得	nándé	（副）	one in a thousand; seldom	모처럼(드물게). 하다.	めったに(…)ない

6. 暖和	nuǎnhuo	（形）	warm	따뜻하다.	あたたかい
7. 建议	jiànyì	（动）	sugges; advice	건의. 제안.	お勧めする
8. 旅行社	lǚxíngshè	（名）	travel agency	여행사.	旅行会社
9. 订	dìng	（动）	order; book	예약하다.	予約する

专 名

| 海南 | Hǎinán | Hainan (Province) | 해남(중국 지명). | 海南 |

课文一 Text

咱们去自助旅行

芳　子：丽莎，假期快到了，你有什么打算①？

丽　莎：我原来想一放假就回国，现在要等姐姐来上海。她打算来中国旅游。

芳　子：那你不回国了吧？

丽　莎：不回了。姐姐难得来中国，我要带她好好儿玩玩儿。

芳　子：你准备带她去哪儿玩儿？

丽　莎：还没想好。你有什么好建议？

芳　子：去北京怎么样？它可是中国的首都啊！

丽　莎：可是北京的冬天太冷了，还常常刮风。我姐姐怕冷，她

---

① 课文中加"·"的词或结构为口语操练点，具体操练在课后练习二和练习三中均有涉及，教师在课堂上也可根据需要适当展开操练。

喜欢暖和的地方。

芳　子：要是怕冷，我建议你们去海南，现在那儿肯定不冷。

丽　莎：我听说海南是南方有名的旅游区，去那儿旅游的人特别多。

芳　子：是呀。带我一起去吧！我来找旅行社。

丽　莎：你想跟旅游团一起去？我觉得最好还是自己去，自助旅行多有意思呀！

芳　子：好吧。咱们自助旅行！我这就去订机票。

生词二　New words

1.	往返	wǎngfǎn	（动）	round trip	왕복.	往復
2.	票务	piàowù	（名）	ticket business	매표.	切符センター
3.	紧张	jǐnzhāng	（形）	in short supply	(물자가)부족하다.	余裕がない、少ない
4.	班	bān	（量）	schedule flight	교통기관의 운행표 또는 노선.	便
5.	起飞	qǐfēi	（动）	take off	(비행기가)이륙하다.날아오르다.	離陸する，出発する
6.	单程	dānchéng	（名）	one way	편도.	片道
7.	打折	dǎ zhé		give discount	할인하다.	割引、セール

专　名

1.	三亚	Sānyà	Sanya	싼야(중국 지명).	三亜
2.	虹桥机场	Hóngqiáo Jīchǎng	Hongqiao Airport	홍교공항.	虹橋空港
3.	浦东	Pǔdōng	Pudong	푸동(중국 지명).	浦東

课文二 Text

我订三张往返票

（芳子打电话订去海南的机票……）

工作人员：您好！这里是东方票务中心。

芳　　子：你好。我要订三张飞海南三亚的机票。

工作人员：好的，小姐。您要哪一天的？

芳　　子：我们打算2月18号去。那天的机票还有吗？我听说最近飞海南的机票很紧张。

工作人员：对。冬天去海南的游客比较多。……小姐，2月18号飞三亚的，还有两班可以订票，下午两点的和晚上九点四十的。

芳　　子：哦。麻烦您查一下，那两班飞机都从哪个机场起飞？

工作人员：好。（过了一会儿）小姐，下午那班从虹桥机场起飞，晚上那班在浦东国际机场。

芳　　子：虹桥机场离我们学校近。就订下午两点那班吧。

工作人员：您要单程的还是往返的？

芳　　子：往返票打折吗？

工作人员：嗯，往返票打八折。单程票630块，往返票1,008块。我建议您订往返的。

芳　　子：好。我订三张往返票。

第一课　计划出游

练习　Exercises

一、朗读下面的句子，请注意语音、语调　Read the sentences aloud and pay attention to the tone

1. 那你不回国了吧？
2. 它可是中国的首都啊！
3. 你想跟旅游团一起去？
4. 自助旅游多有意思呀！
5. 我听说最近飞海南的机票很紧张。
6. 就订下午两点那班吧。

二、替换练习　Substitution drill

1. 我<u>原来想一放假就回国</u>，现在<u>要等姐姐来上海</u>。

想学习一年	打算再学习半年
喜欢喝咖啡	喜欢喝茶
常在食堂吃饭	常在家里做饭

2. <u>姐姐</u>难得<u>来中国</u>。

丽莎	看中国电影
爸爸	有假期
我	遇到(yùdào; encounter, come across)这种事

3. 我听说<u>海南是南方有名的旅游区</u>，<u>去那儿旅游的人</u>特别<u>多</u>。

这家饭店的菜很贵	去那儿吃饭的人	少
那家商店很大	那儿卖的东西	便宜
她妈妈会做中国菜	她妈妈做的面条	好吃

4. 我觉得最好还是自己去。

我想	坐地铁去
我建议	一个人去
我看	下个星期考试

5. 麻烦您查一下。

| 看一下 |
| 做一下晚饭 |
| 问一下老师什么时候上课 |

6. 虹桥机场离我们学校很近。

我家		人民广场	不太远
友谊(yǒuyì; friendship)商店		车站	比较近
现在		考试	还有十天

三、根据所给词语完成对话 Accomplish the dialogue according to the given words

1. A：这个周末你要去哪儿？
   B：_____。（打算）

2. A：我常常一吃完晚饭就学习汉语。
   B：_____。（建议）

3. A：你觉得什么时候去她家比较方便？
   B：_____。（最好还是……）

4. A：你这次为什么不坐火车去北京？火车票多便宜啊！
   B：_____。（我听说 紧张）

5. A：_____？（起飞）
   B：七点的从虹桥机场出发，九点的从浦东机场起飞。

6. A：您好，请问有什么我可以帮您的？
   B：_____。（麻烦您……）

四、按照下面的提示复述课文　Recite the text according to the prompt

课文一

　　丽莎原来_____，现在她_____。因为她要带她姐姐_____。芳子建议她们_____，不过丽莎听说北京_____，她姐姐_____，喜欢_____。芳子说，如果_____，应该去海南，那儿不冷。丽莎也听说海南是_____，去那儿旅游的人_____。最后，丽莎她们打算_____去海南。

课文二

　　芳子打电话给_____，她想订__张__月__号__三亚的____。最近飞海南的机票很____。那天飞三亚的飞机，只有两____还有票，下午的和_____的。因为下午那班_____，机场离_____比较____，芳子就订了下午_____的。而且往返票可以_____八_____，她就_____。

五、根据下面的情景作对话练习　Make a dialogue according to the scene

1. 内容：周末的时候想去旅行，问朋友去哪儿旅行好，怎么去？
   角色：两个朋友

2. 内容：两个人刚刚结婚，正在商量，打算请一些朋友来庆祝（qìngzhù；celebrate）一下。
   角色：丈夫和妻子

练习1和2的参考词语：

> 快……了　　打算　　原来……，现在……　　有什么打算？
> 不……了吧？　难得　带……好好儿……　准备　建议
> 太……了　　听说　特别　最好还是　自助　多……啊

3. 内容：快过年了，唐华老师要回老家(lǎojiā; hometown)，打电话订火车票。
   角色：唐华老师和售票处工作人员

4. 内容：丽莎她们要去海南旅游，给宾馆打电话订房间。
   角色：丽莎和宾馆服务员

练习3和4的参考词语：

> 这里是……　　快……了　打算　不……了吧？　难得
> 准备　建议　太……了　听说　特别　我要订……　紧张
> 麻烦你……从……V　……离……远/近　最好还是
> ……还是……　打折　……吧

六、请你说说　Have a talk

1. 你有自助旅行的经历吗？你喜欢自助旅行还是和旅游团一起？为什么？
2. 向大家介绍一下你去过、住过的地方或者你的家乡。（气候、风景、游客多少……）
3. 请简单介绍打电话买东西的步骤（bùzhòu; step, procedure）或过程。（先……，再……，然后……，最后……）
4. 你常常打电话订购东西吗？有哪些有意思的经历？请告诉我们。

第二课

在宾馆

热身 Warm up

1. 你出去旅游的时候常常会住什么样的宾馆?
2. 你知道中国的宾馆一般有哪些服务吗?请简单举例说明。
3. 你住宾馆有没有遇到过什么不愉快的事?怎么解决的?

生词一 New words

1. 标准间	biāozhǔnjiān	(名)	double room	더블 룸.	スタンダードルーム
2. 单间	dānjiān	(名)	single room	싱글 룸.	個室
3. 满	mǎn	(形)	full	가득 차 있다.	いっぱい
4. 赠送	zèngsòng	(动)	charge free; compliment	증정하다.	サービス贈る
5. 补	bǔ	(动)	make up for	보충하다.	付け加える
6. 付	fù	(动)	pay	돈을 지불하다.	払う
7. 押金	yājīn	(名)	deposit	보증금.	保証金

8. 多退少补	duōtuìshǎobǔ		back much little repair return the overcharge and demand payment of the shortage	남으면 환불하고 부족하면 보충하다.	剰余金は還元し不足金は補填する
9. 设施	shèshī	（名）	establishment; installation	시설.	設備
10. 卡拉OK厅	kǎlā-OK tīng		Karaoke bar	가라오케.	カラオケ
11. 应有尽有	yīngyǒujìnyǒu		have everything that one expects to have	없는 것이 없다.	(あるべきものは)何でもある

课文一　Text

你们想要什么样的房间？

（丽莎、丽莎的姐姐和芳子到了海南后，先去找宾馆……）

丽　　莎：你好，请问还有空房间吗？

服务员：你们想要什么样的房间？

丽　　莎：我们想要一个标准间和一个单间。

服务员：对不起，单间已经住满了，只有标准间了。

丽　　莎：那就两个标准间吧。这儿的标准间一天多少钱？

服务员：500元，我们宾馆赠送早餐。你们打算住几天？

丽　　莎：大概四五天吧。我们先订四天，还想住的话再补。可以吗？

服务员：可以。请把这张表填一下，再给我看一下护照。……好了，请你们先付5,000元押金，多退少补。

第二课　在宾馆

丽　莎：宾馆里都有什么设施？

服务员：游泳馆、咖啡馆、卡拉OK厅等等，应有尽有。

丽　莎：宾馆附近热闹不热闹？

服务员：宾馆旁边有很多商店，热闹极了。去海边也很方便，走路只需要五六分钟。

丽　莎：是吗？真想现在就去海边！对了，可以帮我们把行李送到房间吗？

服务员：好的。

生词二　New words

1. 好像	hǎoxiàng	（副）	seem; appear	마치…과 같다.	~みたいだ、~ようだ
2. 派	pài	（动）	assign; appoint	파견하다.	派遣する
3. 修	xiū	（动）	repair	수리하다.	修理する
4. 集	jí	（量）	measure word	(영화,텔레비전 드라마 등의)편, 회.	回
5. 耽误	dānwu	（动）	delay	(시간을 지체하다 가)시기를 놓치다.	遅らせる、手遅れになる
6. 烦	fán	（形）	be annoyed; be irritated	성가시다.	いらいらする
7. 添	tiān	（动）	add to	보태다.	(面倒を)かける
8. 提供	tígōng	（动）	supply with	제공하다.	提供する
9. 篮子	lánzi	（名）	basket	바구니.	かご

课文二 Text

能不能帮我换个房间？

芳　子：你好。我是608号房间的客人。房间里的电视机好像坏了。

服务员：好的，小姐，我们马上派人来修。

芳　子：谢谢。要是修不好，能不能帮我换个房间？我在看一部电视剧，每天晚上都有一集。

服务员：别担心，小姐。我们一定会修好的，不会耽误您看电视。

芳　子：还有我房间的空调也不太好，声音有点儿大，听着让人心烦。

服务员：这样吧，小姐，我看看还有没有空房间。要是有，给您换一个吧。

芳　子：可以吗？太谢谢了！

服务员：您太客气了。是我们宾馆做得不够好，给您添麻烦了。

芳　子：没关系。顺便问一下，你们宾馆有洗衣服务吗？

服务员：我们宾馆提供洗衣服务。您把要洗的衣服放在卫生间的篮子里就可以了。

芳　子：多长时间能洗好？

服务员：第二天下午一般就可以取了。我们会把洗好的衣服送到房间的。

第二课　在宾馆

练习　Exercises

一、朗读下面的句子，请注意语音、语调　Read the sentences aloud and pay attention to the tone

1. 你们想要什么样的房间？
2. 请把这张表填一下，再给我看一下护照。
3. 真想现在就去海边！
4. 房间里的电视机好像坏了。
5. 我们一定会修好的，不会耽误您看电视。
6. 您把要洗的衣服放在卫生间的篮子里就可以了。

二、替换练习　Substitution drill

1. 我们先<u>订四天</u>，<u>还想住</u>的话再<u>补</u>。

看电影	还有时间	去逛街
买一个	好吃	买
去爬山	爬累了	休息

2. <u>去海边</u>也很<u>方便</u>，只需要<u>走五六分钟</u>。

去图书馆看书不麻烦	带借书卡
去人民广场太容易了	坐两站地铁
我的身体没什么大问题	休息一会儿

3. 可以帮我们把行李 送 到 房间吗？

老师	作业	发	给	同学们
妈妈	这封信	寄	到	美国
他们	这些书	放	在	桌子上

4. 我们马上派人 来 修。

人	去	看
大夫	来	检查
学生	去	帮忙

5. 听了让人 心烦。

看	人	讨厌（tǎoyàn; dislike）
听	我	想睡觉
吃	你	还想吃

6. 我们宾馆提供洗衣服务。

这个宾馆	叫早
我们学校	接送
那家商店	免费（miǎnfèi; for free）洗车

三、根据所给词语完成对话　　Accomplish the dialogue according to the given words

1. A：请问，你们这儿卖练习本吗？
　　B：_____？（什么样）

2. A：丽莎，你帮我买两杯咖啡吧，该给你多少钱？

   B：你就先_____。（多退少补）

3. A：你觉得学校旁边的那个商店怎么样？

   B：_____。（……等等，应有尽有）

4. A：哈利今天怎么没来上课？

   B：_____。（好像）

5. A：妈妈，我不吃饭了，我得去上课了。

   B：_____。（耽误）

6. A：你要我帮你买咖啡和面包，是吗？

   B：是的。_____。（添麻烦）

四、按照下面的提示复述课文　Recite the text according to the prompt

课文一

丽莎她们到宾馆后，问宾馆服务员_____，服务员问她们想_____，她们想_____。不过服务员告诉她们，单间已经_____，只有_____。丽莎她们要了_____。这个宾馆的标准间一天_____，赠送_____。她们打算先_____，付了5,000元_____，多_____少_____，要是还想_____再_____。服务员还告诉她们，宾馆里的设施很全（quán, entire），游泳馆、咖啡馆_____，_____。去海边也很方便，走路只需要_____。

课文二

芳子告诉服务员，她房间的电视机_____。服务员说马上派_____。芳子在看一个_____，每天晚上都_____。所以她想要是_____，能不能_____。服务员说一定能_____，不会_____的。芳子还告诉服务员，她房间的_____也不好，声音_____。服务员听了，打算_____，还对芳子说，因为宾馆做得_____，给她_____了。宾馆还提供_____服务，客人把_____的衣服_____篮子里就好了，_____就可以_____了。宾馆服务员会_____的。

五、根据下面的情景作对话练习　Make a dialogue according to the scene

1. 内容：一个朋友要来看你，想订房间。他（她）打电话问你，你现在住的宾馆怎么样。你告诉他（她）宾馆的标准、房费、设施等等，还问他（她）要不要帮忙预订。

   角色：你和朋友

2. 内容：你是服务员，有客人来问你们饭店的房间、设施、服务等等。你向他（她）介绍饭店情况（qíngkuàng；situation，condition）。

   角色：客人和服务员

练习1和2的参考词语：

> 还有……吗　什么样　想要……，V 满　赠送　打算……
> 大概……天　先……，还想……再……　填表　好了
> 给我……　　多退少补　设施　……等等，应有尽有
> ……极了　需要……　把……V 到……　真想……

3. 内容：你在宾馆住，卫生间的热水不太热。你找服务员修，并问饭店有没有送餐服务。

   角色：客人和服务员

4. 内容：你在学校外边租房子，不过房子的洗衣机坏了。你打电话给房东，请他找人来修，并问小区（xiǎoqū；community）可不可以订牛奶。

   角色：你和房东

练习 3 和 4 的参考词语：

> 我是…… 好像 马上 派+人+V 要是……就……
> 每天……都…… 一定 会……的 耽误 有点儿……
> 让+人+V 给你添麻烦了 顺便问一下 有……吗？
> 提供……服务 把……V 到/在…… 一般

六、请你说说　Have a talk

1. 请你介绍一下你住过的宾馆，或者你最喜欢的宾馆。

2. 你觉得中国宾馆里什么设施应该有？什么设施不一定要有？

3. 请介绍一下你现在（在自己国家）学习的学校的情况（环境、设施、标
准、服务等等）。

4. 你在中国学习、生活时，房间里的东西出过毛病（chū máobìng; go wrong）吗？怎么解决的？

第三课

海南游

1. 你听说过中国海南吗？去过吗？如果去过，你对海南的印象怎么样？
2. 你去旅游，喜欢爬山、玩水还是别的活动？为什么？
3. 你在旅游过程中，经常照相吗？常会有什么姿势（zīshì; pose）？请做给大家看看。

1. 安排	ānpái	（名、动）	arrangement, arrange	안배하다.	計画
2. 打听	dǎting	（动）	ask about; inquire about	알아보다.	尋ねる
3. 整	zhěng	（形）	all; whole	모든, 전체의.	全部
4. 坚持	jiānchí	（动）	insist on	견지하다.	あくまで頑張る
5. 实在	shízài	（副）	really; quitely	정말, 참으로.	本当に
6. 到底	dào dǐ		to the end	결국.	最後まで~やり抜く
7. 胜利	shènglì	（名）	success; triumph; victory	승리.	勝つ

8. 喘气	chuǎn qì	catch one's breath	숨차다.	息切れ

专　名

鹿回头	Lùhuítóu	a famous spot in Hainan	녹회두(해남도 鹿回頭 여행지)

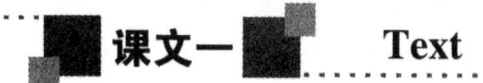 课文一　　Text

坚持到底就是胜利

（丽莎和芳子她们到海南的第二天……）

丽　莎：芳子，今天有什么安排？

芳　子：我打听了一下，咱们今天去"鹿回头"山吧，听说那儿特别漂亮。

丽　莎：山有什么好玩儿的？我们是为大海、沙滩才来海南的，怎么去爬山呢？

芳　子：我听说"鹿回头"山大概只有两百多米高。别看它不高，可在山顶能看到整个三亚。

丽　莎：真的？那我们就去山顶看看三亚吧。

（她们爬了一会儿……）

丽　莎：芳子，我爬不动了。你们爬上去吧，我在这儿等你们。

芳　子：丽莎，快到了，坚持一下！

丽　莎：我实在累得没多少力气了。说真的，我从小就不喜欢爬山。

芳　子：咱们一起来的，就应该一起走。丽莎，咱们不是学过"坚持到底就是胜利"吗？

丽莎的姐姐：芳子，咱们休息一会儿再爬，怎么样？刚才走得太快了，我也有点儿喘不过气来。

丽　莎：对。我们坐下来喝点儿水，我一定坚持爬上去！

生词二　New words

1. 遇到　yùdào　（动）　encounter; come across　만나다.　出会う

2. 感觉　gǎnjué　（名）　thinking; feeling　느낌.　感じ、感じる

第三课　海南游

3.	待	dāi	（动）	stay	머무르다.	滞在する、居る
3.	自在	zìzai	（形）	comfortbable	자유롭다.	気ままである
5.	黄昏	huánghūn	（名）	dusk; sunset	해질 무렵.	夕方
6.	躺	tǎng	（动）	lie	눕다.	横になる
7.	沙滩	shātān	（名）	sand beach	모래 사장.	ビーチ
8.	乐	lè	（动、形）	happy	즐겁다.	樂しい
9.	天堂	tiāntáng	（名）	paradise	천당.	天國
10.	动人	dòngrén	（形）	moving	감동적이다.	感動させる
11.	恋人	liànrén	（名）	lover	애인.	恋人
12.	心爱	xīn'ài	（形）	beloved	진심으로 아끼다.	大事な、大切な
13.	机会	jīhuì	（名）	chance	기회.	機会

专 名

天涯海角　　Tiānyá Hǎijiǎo　tianya haijiao　천애해각(해남도 여행지)　天涯海角

这几张拍得真不错

（芳子从海南旅游回来，遇到李阳……）

李　阳：芳子，去海南旅游感觉怎么样？

芳　子：太有意思了。我们这次是自助游，想去哪儿就去哪儿，想待多久就待多久。

李　阳：我也觉得跟着旅游团没多大意思，老被导游赶着走。哪儿有自助游自在呀！

芳　子：是啊。黄昏的时候，躺在沙滩上吹着海风，感觉像在天堂一样！

李　阳：看你乐的！有照片吗？

芳　子：都在这儿，你看吧。我在海南拍了很多照片，就是好的不太多。

李　阳：这几张拍得真不错。在哪儿拍的？"天涯海角"吗？

芳　子：对。你也知道那个地方？那里有个动人的爱情故事，所以去那里的恋人特别多。

李　阳：这张坐在海边的，你好像不太高兴。怎么了？

芳　子：那是因为我想到这么美的地方，身边却没有心爱的人，所以……

李　阳：你呀，以后和你的男朋友再去不就行了？

芳　子：是，以后再有机会去海南，一定叫上我的男朋友。

练习　Exercises

一、朗读下面的句子，请注意语音、语调　Read the sentences aloud and pay attention to the tone

1. 怎么去爬山呢？
2. 我实在累得没多少力气了。
3. 我们不是学过"坚持到底就是胜利"吗？
4. 哪儿有自助游自在呀！
5. 看你乐的！有照片吗？
6. 以后和你的男朋友再去不就行了？

第三课 海南游

二、替换练习 Substitution drill

1. <u>山</u>有什么<u>好玩儿</u>的？

这部电影	好看
这首歌	好听
这种东西	好吃

2. <u>我们</u>是为<u>大海、沙滩</u>才<u>来海南</u>的。

妈妈	我们	努力工作
我	学好汉语	来中国
他	明天的考试	不睡觉

3. <u>别看它不高</u>，可<u>在山顶能看到整个三亚</u>。

她个子不高	是我们班跑步最快的
这个书包小小的	它里边装着我们三个人要换洗的衣服
这个空调现在没什么用	到了夏天，我们全家都离不开它

4. <u>这次是自助游</u>，想<u>去哪儿</u>就<u>去哪儿</u>。

在我家就随便点儿	吃什么	吃什么
现在是我们休息的时间	唱歌	唱歌
下午有空，我们去逛街	逛多久	逛多久

5. 跟着旅游团没多大意思，老被<u>导游</u> <u>赶着走</u>。

我很怕狗	狗	追着跑
弟弟不喜欢吃饭	妈妈	逼(bī; compel)着吃
我不太会骑车	别的车	撞倒(zhuàngdǎo; run down)

6. 以后有机会再去海南，一定叫上我的男朋友。

明年	来上海	请你吃上海菜
下次	学习汉语	好好儿学习
下个星期	看电影	看你说的那部电影

三、根据所给词语完成对话　Accomplish the dialog according to the given words

1. A：芳子，你怎么不吃了？还有好多菜呢。
   B：_____。（实在）

2. A：这个手机你用了好几年了吧？
   B：_____。（别看……，可……）

3. A：你做过中国菜吗？做得怎么样？
   B：_____。（说真的）

4. A：我们打了一个小时网球了，要不要休息一会儿？
   B：_____。（喘气）

5. A：我可以在你办公室打个电话吗？就几分钟。
   B：_____。（想……就……）

6. A：你现在住的地方怎么样？
   B：_____。（……，就是……）

四、按照下面的提示复述课文　Recite the text according to the prompt

课文一

第二天，芳子安排大家_____，因为她听说_____，别看_____，可_____。本来丽莎不_____，她觉得她们是为_____才_____的。最后她们打算先_____，在山顶_____。

爬山的时候，丽莎不想_____了，因为她实在_____。芳子告诉她应该坚持，他们学过"坚持_____"这句话。最后，丽莎的姐姐建议大家都_____，刚才_____，她也有点儿_____。

第三课　海南游

课文二

　　芳子从海南回来后告诉李阳，他们在海南是_____，想_____就_____，感觉_____。黄昏的时候，_____，感觉_____！芳子在海南拍了_____，就是_____。李阳看了她的照片后，说有几张照片_____，芳子告诉他这些是在_____拍的。那里还有个_____，所以去那里的恋人_____。但是芳子有点儿不太高兴，因为_____，身边却_____。李阳建议她以后_____，一定_____。

五、根据下面的情景作对话练习 Make a dialog according to the scene

1. 内容：你想早上起床锻炼（duànliàn；take exercise），和朋友商量做什么运动。最后决定（juédìng；decide）去爬山。可爬了一半，你朋友不想爬了，……

   角色：你和朋友

2. 内容：一个学生想学太极拳（tàijíquán；Taiji），老师让他先练习跑步。学生问为什么要跑步，老师说先练好身体。可那个学生跑了一半，不想跑了……

   角色：老师和学生

练习1和2的参考词语：

| 安排　　打听……　　有什么……的　　为……才…… |
| 别看……可……　　坚持……　　实在　　V得没多少力气 |
| 说真的　　需要　　从小　　整　　坚持到底就是胜利 |
| 喘不过气　　不是……吗？　　……再…… |

3. 内容：丽莎从海南回来，给唐华老师看她在海南拍的照片，并说了旅游的感受。

角色：丽莎和唐华

4. 内容：周末的时候，两个朋友出去野餐（yěcān；have a picnic）。他们在郊外（jiāowài；suburbs）散步，还吃了自己做的菜，玩儿得很愉快。

角色：两个朋友

练习 3 和 4 的参考词语：

感觉……	想……就……	被……	自在	哪里有……
真是……	看你乐的	让……VV	……，就是	
V 得真……	有个……	特别……	好像	说真的
以后……再	有机会……	一定……		需要

六、请你说说　Have a talk

1. 介绍一次你难忘的旅行经历。

2. 你有没有遇到过一件事做了一半不想做的情况？这时候你会怎么做？结果怎么样？

3. 你的家乡或你旅游过的地方有没有什么动人的故事或者传说（chuánshuō；legend）？给大家介绍介绍。

4. 你旅游的时候，拍过什么有意思的照片？请拿来给大家看看，并跟大家说说，什么时候拍的这张照片？为什么会拍这张照片？

第四课

中国的传统节日

热身 Warm up

1. 你知道中国有哪些传统节日吗?
2. 你知道在传统节日里,中国人都会做些什么吗?
3. 你们国家最重要的传统节日是什么? 人们一般会做些什么?

生词一 New words

1. 春节	Chūn Jié	(名)	Spring Festival	춘절.	旧正月
2. 传统	chuántǒng	(形)	traditional	전통적이다.	伝統
3. 喜气洋洋	xǐqì yángyáng		be full of joy	매우 즐거운 모양.	喜びにあふれている
4. 根据	gēnjù	(介)	according to	…에 의거하여.	～によれば
5. 农历	nónglì	(名)	Chinese traditional calendar	음력.	旧暦
6. 打扫	dǎsǎo	(动)	clean; sweep	청소하다.	掃除する
7. 贴	tiē	(动)	put up; stick	붙이다.	貼る

8.	春联	chūnlián	（名）	Spring festival scrolls	춘련.		春聯
9.	吉利	jílì	（形）	lucky; propitious	길하다.		緣起がいい
10.	除夕	chúxī	（名）	Spring festival's Eve	섣달 그믐날 밤.		旧正月の除夜
11.	聚	jù	（动）	gather	모이다.		集まる
12.	鞭炮	biānpào	（名）	firecrackers	폭죽		爆竹
13.	迎接	yíngjiē	（动）	greet; welcome	맞이하다.		迎える

课文一　Text

春节是中国最重要的传统节日

黄佳佳：唐老师，最近街上热闹得很。每个人的脸上都喜气洋洋的，有什么好事吗？

唐　华：因为快到春节了，春节是中国最重要的传统节日。在中国人看来，只有春节才是真正的新年。

黄佳佳：原来是要过春节了。那哪一天是春节？

唐　华：春节是根据农历来定的，每年的时间都不一样。今年春节就在十天后。

黄佳佳：不是还有好多天吗？怎么人们现在就忙上了？

唐　华：每年春节前几个星期，人们就开始准备了，打扫房间、买东西、做好吃的。有些地方还有贴春联的习惯。

第四课　中国的传统节日

黄佳佳：什么是"春联"？

唐　华：春节前，人们在红纸上写些吉利话，再把它们贴在门两边。这就是"春联"。

黄佳佳：哈哈，真有意思！还有什么习惯？

唐　华：还有农历十二月三十是除夕，那天晚上最热闹，一家人聚在一起，吃饺子、放鞭炮，说说笑笑，迎接新年的到来。

生词二　New words

1.	擦	cā	（动）	wipe	(천, 수건 등으로)닦다.	拭く
2.	感受	gǎnshòu	（动）	feel	느끼다.	体験する
3.	气氛	qìfēn	（名）	atmosphere; ambience	분위기.	雰囲気
4.	收拾	shōushi	（动）	clear away; tidy up	정리하다. 정돈하다.	片付ける
5.	盆	pén	（量）	measure word	대야·화분 등으로 담는 수량을 셀 때 쓰임.	(鉢植え)一つ
6.	按照	ànzhào	（介）	according to	…에 따라	…に基づいて
7.	篇	piān	（量）	measure word	편.	通
8.	报道	bàodào	（名）	report	보도(하다).	報道
9.	轮到	lúndào	（动）	in one's turn	차례가 되다.	～の番になる
10.	放心	fàng xīn		be at ease	안심하다.	安心する

课文二　Text

你把窗户擦擦

（唐老师准备回家帮妻子打扫房间，黄佳佳跟他一起回了家……）

唐　　华：我回来了。需要我做什么吗？

唐华妻子：你要做的事多着呢，先把窗户擦擦，特别是上面的窗户，太高了，我擦不到。

唐　　华：没问题。你看，这是我写的春联，把它贴上去吧！

唐华妻子：你看着办吧。（看见黄佳佳）啊，家里来客人了！

唐　　华：这是我学生黄佳佳，从印尼来的。她第一次在中国过年，来我们家感受一下过节的气氛。

黄 佳 佳：阿姨，您好。我能帮什么忙吗？

唐华妻子：你好，也没什么事。你帮我把客厅里的桌子收拾收拾，再把那盆花放在桌子上，好吗？

黄 佳 佳：好。我这就按照您说的做。

唐华妻子：不急，慢慢儿来。唐华，我们都在忙，你怎么看起报来了？

唐　　华：我想找一篇关于春节的报道，让黄佳佳看看。对了，今天轮到你做饭吧？做了吗？佳佳今天在咱们家吃饭。

唐华妻子：放心吧。我一回家就做上饭了。

第四课 中国的传统节日

练习 Exercises

一、朗读下面的句子，请注意语音、语调 Read the sentences aloud and pay attention to the tone

1. 每个人的脸上都喜气洋洋的，有什么好事吗？
2. 不是还有好多天吗？怎么人们现在就忙上了？
3. 一家人聚在一起，吃饺子、放鞭炮，说说笑笑，迎接新年的到来。
4. 她第一次在中国过年，来我们家感受一下过节的气氛。
5. 你帮我把客厅里的桌子收拾收拾，再把那盆花放在桌子上。
6. 我们都在忙，你怎么看起报来了？

二、替换练习 Substitution drill

1. 在<u>中国人</u>看来，只有<u>春节</u>才是<u>真正的新年</u>。

爸爸妈妈	学习好	是好孩子
工作人员	计算机	能做好那些事
老师	多写	可能记住这些汉字

2. 怎么<u>人们</u> <u>现在</u>就<u>忙</u>上了？

爸爸	刚回家	唱
他们	这么快	联系
你们	才见面	吵

3. 原来<u>是要过春节了</u>。

是要考试了
你不喜欢吃中国菜
他常常来这儿打网球

4. 有些地方还有贴春联的习惯。

有的家庭	饭后散步
有的国家	过节送礼物
有的同学	不吃早饭

5. 你要做的事 多着呢。

他买的东西	贵
今天的作业	难
他用的手机	好

6. 你先把窗户擦擦。

杯子	洗洗
你的建议	说说
今天学的生词	复习复习

三、根据所给词语完成对话　Accomplish the dialogue according to the given words

1. A：你觉得昨天的晚会怎么样？
   B：_____。（……得很）

2. A：我听说丽莎感冒了。
   B：她今天没来上课，_____。（原来）

3. A：最近你身体好像不太好，是吗？
   B：_____。（……着呢）

4. A：谢谢你帮我买午饭。我该给你多少钱？
   B：不客气。_____。（你看着……吧）

5. A：你应该每天都读三遍课文，这样才能学好汉语。
   B：_____。（按照）

6. A：我饿了，黄佳佳，我们去吃饭吧？

B：好的。_____。（轮到）

四、按照下面的提示复述课文 Recite the text according to the prompt

课文一

黄佳佳发现最近街上_____，每个人的脸上都_____的。唐老师告诉她，那是因为_____，春节是中国_____的_____。每年春节前几个星期，人们就_____。家里要_____房间、_____东西、_____好吃的，有些地方还有_____的习惯。中国人在_____写_____，然后把它们_____，这就是_____。农历_____是除夕，那天晚上最_____，一家人_____在一起，吃_____、_____，_____，迎接_____。

课文二

黄佳佳跟唐华回家，帮唐华_____。唐华的妻子叫唐华把_____。唐华建议把_____，他的妻子让他_____。唐华告诉妻子，黄佳佳_____在中国_____，想_____。黄佳佳想帮忙，唐华的妻子就让_____把客厅里的桌子_____，再把_____。黄佳佳她们在忙的时候，唐华在_____。因为他想找_____，给佳佳_____。今天轮到_____，她_____。

五、根据下面的情景作对话练习 Make a dialog according to the scene

1. 内容：向你的朋友介绍你们国家最重要的传统节日。（时间、习惯、准备工作、节日里的活动、气氛等等）

   角色：你和朋友

2. 内容：有朋友请你参加他（她）家周末的家庭聚会，并告诉你家庭聚会的安排。

   角色：你和朋友

练习1和2的参考词语:

> ……得很　　有什么好事吗?　　喜气洋洋　　可能……
> 最重要　　快(要)……了　　在……看来,只有……才……
> 原来　　根据……V　　怎么现在就……　　……上　　忙着……
> ……有……的习惯　　把……V　　在……　　是……的
> 聚在一起　　说说笑笑　　迎接　　让……V　　……呢

3. 内容:晚上有一个家庭聚会。聚会前,一家人在妈妈的要求(yāoqiú; require)下,打扫、布置(bùzhì; dispose)房间。

   角色:一家人(爸爸、妈妈和孩子)

4. 内容:你是哈利,你的女朋友从美国来看你,明天就到上海。可你的房间又脏又乱,所以你请李阳帮忙一块儿打扫房间,顺便请李阳布置一下,让房间有中国特色(tèsè; characteristic)一点儿。

   角色:哈利和李阳

练习3和4的参考词语:

> 帮……　　……着呢　　把+N+VV　　特别是……　　V得/不到
> 把……V在/上……　　你看着……　　感受　　气氛
> 让+人+VV　　按照……V　　慢慢V　　V起N来
> 在+地方+V　　轮到+人+V　　一……就……　　V上
> 忙着……　　……呢　　喜气洋洋　　气氛　　有什么好事吗?
> 原来　　……有……的习惯　　迎接

第四课　中国的传统节日

六、请你说说　Have a talk

1. 在你们国家，新年有什么活动？放鞭炮吗？有什么习惯？请简单介绍一下。

2. 你知道中国还有哪些比较重要的节日吗？你在中国都经历（jīnglì; experience）过吗？

3. 在你们国家最重要的传统节日里，你们一般会怎么打扫、布置房间？有什么传统习惯？

4. 你现在学习汉语的学校有没有什么重要的节日或活动？可以介绍一下吗？

第五课

去中国人家做客

1. 你去中国人家里做过客吗？感觉怎么样？
2. 在你们国家第一次去别人家里做客，会带礼物吗？常常带什么？在送礼时有没有什么特别要注意的地方？
3. 你在别人家做客，常常和主人聊些什么？

1. 到底	dàodǐ	（副）	on earth	도대체.	いったい
2. 出事	chū shì		have an accident	사고가 나다.	事故がおきる
3. 报名	bào míng		sign up; register	신청하다.	申し込む
4. 联系	liánxì	（动）	connect; relate	연락하다.	連絡する
5. 请教	qǐngjiào	（动）	ask for	가르침을 청하다.	教えてもらう
6. 恭喜	gōngxǐ	（动）	congratulate	축하하다.	おめでとう
7. 发财	fā cái		make a pile	부자가 되다.	金を儲ける、金持になる

第五课 去中国人家做客

课文一 Text

这是我第一次去中国人家过春节

（快到春节的一天早上，李阳接到黄佳佳的电话……）

李　阳：佳佳，这么早？我在假期里可是不到十点不起床的。

黄佳佳：对不起，我实在太着急了。

李　阳：到底出什么事了？

黄佳佳：前几天，我报名参加了"到中国人家过春节"活动。昨晚有个叫黄英的女孩跟我联系，请我去她家过春节。

李　阳：好啊！你该高兴才是呀！

黄佳佳：高兴是高兴，不过这是我第一次去中国人家过春节，不知道该说什么，做什么，所以想向你请教。

李　阳：其实大过年的，你多说些吉利话就行了，比如"新年好"、"恭喜发财"等等。

黄佳佳：我该带什么礼物？

李　阳：我们去别人家做客，常常送烟酒、水果。

黄佳佳：我有把很漂亮的伞，送给他们怎么样？

李　阳：这个……我们一般不送伞，觉得不吉利。我建议你买些桔子送给他们，"桔子"的发音跟"吉利"有点儿像，新年收到这样的礼物一定很高兴。

生词二　New words

1. 招待	zhāodài	（动）	serve; entertain; play host to	초대하다.	もてなす
2. 心意	xīnyì	（名）	intention; mind	성의, 마음	気持ち
3. 破费	pòfèi	（动）	spend money	(돈,시간을)쓰다. 소비하다.	金を費やす
4. 宽敞	kuānchang	（形）	large; spacious	넓다.	ひろひろとしている
5. 转	zhuàn	（动）	walk around	돌다. 둘러보다.	うろうろする
6. 荣幸	róngxìng	（形）	be honoured	매우 영광스럽다	光栄である
7. 电视台	diànshìtái	（名）	television station	방송국.	テレビ局
8. 表演	biǎoyǎn	（动）	act; perform	공연하다.	出演する、ショー
9. 随便	suíbiàn	（形）	do as one pleases	마음대로.	ぬきに、勝手に

课文二　Text

谢谢你们的招待

（黄佳佳到了黄英家……）

黄佳佳：叔叔、阿姨，新年好！（拿出桔子）这是我的一点儿心意。

黄　母：来就来吧，带什么礼物！让你破费了，以后可别带了。

黄佳佳：哪里。阿姨，你家真宽敞！

黄　英：我先带你转转吧。我们刚搬来，你是第一位客人。

黄佳佳：真荣幸！（看到墙上的照片）这位在唱京剧的小姐是谁？

黄　英：这是我妈妈，她喜欢唱京剧。

黄佳佳：我来上海后就喜欢上了京剧，常常去看。

黄　母：今天下午我要去电视台表演，跟我去看看怎么样？

黄佳佳：太好了！京剧我看得懂，可听不懂，得向您多请教。

黄　母：没问题。我们先吃饭吧！……来，没什么菜，你别客气，随便吃，就像在自己家一样。

黄佳佳：叔叔、阿姨，谢谢你们的招待。辛苦了！

黄　英：佳佳，用不着客气。快尝尝这个菜，我做的。

黄佳佳：是吗？你可真行啊！

练习 Exercises

一、朗读下面的句子,请注意语音、语调 Read the sentences aloud and pay attention to the tone

1. 这么早?我在假期里可是不到十点不起床的。
2. 到底出什么事了?
3. 好啊!你该高兴才是呀!
4. 来就来吧,带什么礼物!让你破费了,以后可别带了。
5. 今天下午我要去电视台表演,跟我去看看怎么样?
6. 是吗?你可真行啊!

二、替换练习 Substitution drill

1. <u>我在假期里</u>可是<u>不到十点</u>不<u>起床</u>的。

我弟弟	到八点	做作业
小王	到考试	学习
他	去	行

2. <u>你</u>该<u>高兴</u>才是呀!

他	自信 (zìxìn, self-confidence)
爸爸	快点来
老师	休息

3. <u>高兴</u>是<u>高兴</u>,不过这是我第一次去中国人家过春节,不知道该说什么,做什么。

好吃	好吃	这儿的菜太少了
喜欢	喜欢	这件衣服实在太贵了
便宜	便宜	这个商店离我家也太远了

第五课 去中国人家做客

4. 大过年的，你多说些吉利话就行了。

周末	你应该多休息才对
夏天	你不要老是往外跑
晚上	一个人出去很危险

5. 来就来吧，带什么礼物！

做作业	做作业	听	音乐
学习	学习	看	电视
听课	听课	聊	天

6. 用不着客气。

担心
复习
买那么多东西

三、根据所给词语完成对话　Accomplish the dialogue according to the given words

1. A：_____？（到底）

   B：老师刚才说了，我们六点出发。

2. A：我发现你很喜欢喝咖啡。

   B：_____。（其实）

3. A：那家饭店菜做得怎么样？

   B：_____。（比如……等等）

4. A：哈利，你知道吗？你是第一个看我照片的男孩子。

   B：_____。（荣幸）

5. A：我妈妈会做很多四川菜，而且做得很不错。

   B：是吗？_____。（请教）

6. A：你看这个学校，有花有树，多漂亮呀！
   B：对，_____。（像……一样）

四、按照下面的提示复述课文 Recite the text according to the prompt

课文一

　　黄佳佳一大早给李阳_____，李阳还_____。他在假期里_____。黄佳佳告诉李阳，她报名_____，有个叫黄英的女孩_____。她很高兴，不过_____。李阳告诉她，其实_____。黄佳佳原来想送给他们_____，不过李阳觉得_____。他建议黄佳佳_____，因为_____。新年里_____。

课文二

　　黄佳佳到了黄英家，拿出桔子，说这是_____。黄英的妈妈说_____，带_____，让她_____。黄英带佳佳_____，告诉她_____。黄英的妈妈喜欢_____，家里有她_____的照片。下午她还要去_____。黄佳佳来上海后_____，打算下午跟她_____。吃饭的时候，黄英的妈妈叫佳佳别_____，随便_____，像_____一样。黄佳佳谢谢_____。黄英说_____用不着_____。她让黄佳佳_____她做的菜，黄佳佳夸她_____。

五、根据下面的情景作对话练习 Make a dialog according to the scene

1. 内容：一个中国朋友过生日，请你去他/她家玩。你不知道送什么生日礼物比较好，向别的中国朋友请教。
   角色：你和朋友

2. 内容：你的老师病了，住在医院里，你想和朋友们去看他。你去问别的老师该带什么礼物，看到老师该说什么，做什么。
   角色：你和老师

第五课　去中国人家做客

练习 1 和 2 的参考词语：

```
这么……         不……不……      实在    到底    报名    一定
跟……联系        该……才是       ……是……，不过……
向……请教        其实    大……的   ……就行了
比如……等等      送给……         一般    建议……   跟……像
```

3. 内容：你第一次去中国朋友家做客。这位朋友请你在他/她家吃饭。这是他/她第一次做菜。
   角色：你和朋友

4. 内容：一对恋人在一起很久了。男朋友第一次去女朋友家做客，女朋友的妈妈招待了他。
   角色：一对恋人和妈妈

练习 3 和 4 的参考词语：

```
这是……的（一点）   ……就……吧，……什么……
让 + 人 + V   破费   真……   ……可别……了   先……
荣幸   ……上   V 得/不……   太……了   ……怎么样？
别……   随便   像……一样   谢谢……   用不着……   真行
```

六、请你说说　Have a talk

1. 在你们国家怎么邀请（yāoqǐng；invite）别人去你家里做客？

2. 在你们国家，第一次到别人家玩儿，该做什么？过节的时候去又该做什么？

3. 你有没有在中国请朋友吃过饭？如果有，是自己做还是在外边吃的？饭桌上你们说些什么？如果没有，请你想想，要是你请朋友吃饭，会自己做还是在外边吃，会聊些什么？

4. 去中国人家里做客，你知道离开的时候该说些什么吗？谈谈你在中国人家里做客的经历。

第六课

节日里逛街

热身 Warm up

1. 在中国，过节的时候，你逛过街吗？那时候，街上是什么样子的？
2. 你们国家过节的时候，街上一般是什么样子？跟中国一样吗？能说说不一样的地方吗？
3. 在你们国家，人们一般喜欢什么吉利话或者数字？为什么？

生词一 New words

1. 灯笼	dēnglong	（名）	lantern	등롱.	ちょうちん
2. 小吃	xiǎochī	（名）	snack; nosh	간단한 먹을 거리. 간식.	軽食やおやつ
3. 入乡随俗	rùxiāngsuísú		do in Rome as Rome does	로마에 가면 로마법을 따라야 한다.	郷にいっては郷に従え
4. 小笼包	xiǎolóngbāo	（名）	a Chinese traditional food	(작은 찜통에 찐) 소가 든 만두.	小龍包
5. 指	zhǐ	（动）	point to	가리키다.	指差す

6. 幸福	xìngfú	（形、名）	happiness; blessedness	행복하다.	幸福
7. 倒	dào	（动）	inverse	거꾸로 되다.	逆さまにする
8. 作为	zuòwéi	（介）	as; by way of	….으로 삼다.	〜として
9. 千万	qiānwàn	（副）	must; be sure so	부디.	くれぐれも

专名

豫园	Yùyuán	Yuyuan Garden	예원	豫園

课文一 Text

真没想到会这么热闹

（第二天，黄英陪黄佳佳去逛街……）

黄佳佳：你瞧，树上挂着各种灯笼，路边摆满了鲜花。街上到处都是人，真没想到会这么热闹！

黄　英：豫园是上海最有名的地方，来这儿的人特别多，所以非常热闹。人们常常一边吃小吃，一边逛街，高兴得不得了。

黄佳佳：那我们也入乡随俗，吃点什么吧。

黄　英：这儿的小笼包最有名，吃这个吧！

黄佳佳：（指着一个字）黄英，很多地方都贴着这个字，这是什么字？

黄　英：这是"幸福"的"福"字啊。

黄佳佳：为什么倒着贴呢？

黄　英：这样，人们看见了会说"福倒了"，听着跟"福到了"一样，多吉利！

黄佳佳：哦。我发现中国人喜欢说这样的话。

黄　英：特别是春节，作为新的一年的开始，为了吉利，大家说话时都比较注意。"死"呀、"完了"这些肯定不说。

黄佳佳：那我得注意，可千万别对中国人说这些。

生词二  New words

1. 数字	shùzì	（名）	number	숫자.	数字
2. 希望	xīwàng	（动）	hope; wish	희망하다. 바라다.	望む
3. 运气	yùnqi	（名）	fate; fortune; luck	운, 행운.	運
4. 红包	hóngbāo	（名）	red envelopes; red packets	(세뱃돈 등을 넣는)お年玉 봉은 종이 봉투.	
5. 怪不得	guàibude	（名）	no wonder	어쩐지.	道理で
6. 开业	kāi yè		pen business; set up	개업하다.	開業する
7. 不止	bùzhǐ	（动）	without end	…에 그치지 않다.	～ばかりでない
8. 白	bái	（副）	in vain	헛되이.	むだになる
9. 通	tōng	（动）	know everything	달인. 통.	ある事情に詳しい人、～通である

第六课 节日里逛街

课文二　Text

这个数字比较吉利

丽　　莎：佳佳，听说你去中国人家过春节了。怎么样？

黄佳佳：很有意思。你知道吗？春节时，说话得注意点儿，不吉利的不要说。

丽　　莎：这我知道。新年里人们一见面就说"新年好"，就是希望新的一年里有好运气。

黄佳佳：对。中国人还喜欢数字"八"。春节里给孩子红包，常常是518元。

丽　　莎：为什么是518？不是517、519？

黄佳佳："五一八"和"我要发"听起来多像呀！

丽　　莎：说实在的，我还是不懂。"我要发"又怎么了？

黄佳佳：汉语的"发"就是"发财"的意思。现在谁不想发财？

丽　　莎：这倒是。发了财，想买什么就买什么。怪不得有些公司一定要在5月18日开业。

黄佳佳：我学到的东西多着呢，还不止这些。比如中国人不喜欢"四"……

丽　　莎：我知道。"四"和"死"听着差不多嘛！佳佳，这次春节没白过，成"中国通"了！

练习 Exercises

一、朗读下面的句子，请注意语音、语调　Read the sentences aloud and pay attention to the tone

1. 街上到处都是人，真没想到会这么热闹！
2. 那我们也入乡随俗，吃点什么吧。
3. 说实在的，我还是不懂。"我要发"又怎么了？
4. 现在谁不想发财？
5. 我学到的东西多着呢，还不止这些。
6. "四"和"死"听着差不多嘛！

二、替换练习　Substitution drill

1. <u>街上</u>到处<u>是人</u>。

公园里	有人
学校里	种着树
桌子上	放满了书

2. 没想到<u>会这么热闹</u>！

   | 是他做的早饭 |
   | 他会说汉语 |
   | 这里有这么多人 |

第六课 节日里逛街

3. 人们常常一边吃小吃，一边逛街，高兴得不得了。

妈妈	工作	做晚饭	忙
哈利	唱歌	跳舞	快乐
他	听音乐	洗澡	舒服

4. 说实在的，我还是不懂。

我的汉语不太好
他不太喜欢吃辣的
这次考试我考得不好

5. 怪不得有些公司一定要在5月18日开业。

他今天没来上课
你们那么喜欢听唐老师的课
有些地方习惯春节的时候贴春联

6. 这次春节没白过，成"中国通"了！

你的汉语　　学　　都能做翻译了
这次海南　　去　　吃了很多好吃的水果
今天的晚饭　准备　爸爸妈妈都回来吃饭了

三、根据所给词语完成对话　Accomplish the dialogue according to the given words

1. A：中国人过生日的时候，常常会吃一碗面条。
   B：_____。（入乡随俗）

2. A：黄佳佳，你觉得一个好老师应该做些什么？
   B：_____。（作为）

3. A：明天早上六点？这么早！我可能会迟到。
   B：_____。（千万）

4. A：新年到了，你有什么打算？
   B：_____。（希望）

5. A：我觉得只有身体好才能做好工作。
   B：_____。（这倒是）

6. A：今天来上课的同学真多，大概有20个人吧？
   B：_____。（不止）

四、按照下面的提示复述课文　Recite the text according to the prompt

课文一

　　黄英陪黄佳佳_____。黄佳佳看到树上_____，路边_____。街上_____，没想到_____。黄英告诉黄佳佳，豫园是_____的地方。人们常常在那儿一边_____，一边_____，高兴_____。黄佳佳也想_____，吃这儿最有名的_____。

　　黄英告诉黄佳佳，"福"字倒着贴是因为_____，听着_____。春节作为_____，为了_____，大家说话_____。

课文二

　　黄佳佳告诉丽莎，中国人过春节时，说话比较_____，不_____不_____。新年里人们_____，就是希望_____。中国人还喜欢_____。给孩子红包常常是_____，因为"518"和_____。汉语里的"发"就是_____的意思。中国人不喜欢

第六课 节日里逛街

_____，因为_____。丽莎说，佳佳这次春节_____，都成_____了。

五、根据下面的情景作对话练习 Make a dialog according to the scene

1. 内容：你们学校开运动会，你参加了跑步比赛。你的朋友来学校为你加油。你带他（她）到处转转、看看，向他（她）介绍运动会的情况。
   角色：你和朋友

2. 内容：你是导游（dǎoyóu; guide, dragoman），一个中国游客来你们城市旅游。你带他（她）参观（cānguān; visit, look around），介绍你们城市有意思的、特别的地方。
   角色：导游和游客

练习1和2的参考词语：

> 你瞧 ……V着…… 到处都…… 没想到…… V满
> 热闹 最有名 一边……一边…… ……得不得了
> 入乡随俗 多…… 听着 可不是 特别是…… 作为
> 为了…… 肯定 千万…… ……一样

3. 内容：一个朋友参加了一家中国公司的开业典礼（diǎnlǐ; ceremony）后，告诉另一个朋友中国公司开业时该送什么礼物（红包、花篮（huālán; gaily-decorated basket）等等），该说什么（恭喜发财等等）。还告诉他公司开业常选在5月18日的原因。
   角色：两个朋友

4. 内容：你的朋友要去参加中国人的婚礼，你告诉你的朋友。参加中国人的婚礼该送什么（红包，518元、1088元等），该说什么（新婚快乐等等），不该做什么。
   角色：你和朋友

练习 3 和 4 的参考词语：

> 听说…… 有意思 得 注意点儿 一……就…… 希望
> 好运气 听起来…… 说真的 又怎么了 谁不想……？
> 这倒是 想……就…… 怪不得…… 不止 ……着呢
> 比如…… 听着…… 白…… 中国通

六、请你说说　Have a talk

1. 你知道还有哪些数字中国人觉得比较吉利？

2. 你们国家结婚、搬家或者公司开业等，是不是也选择（xuǎnzé; choose）吉利的日子？一般选择哪些日期？为什么？

3. 你们国家参加别人的婚礼、生日晚会或者公司开业时，常常会说什么话，送什么礼物？什么话、什么礼物是千万不能说、不能送的？

4. 有些中国人喜欢花钱买吉利的电话号码或车牌（chēpái; license plate）号码。你会这么做吗？你觉得这么做有必要（bìyào; necessity）吗？为什么？

第七课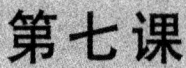

体育运动

1. 你常常运动吗？喜欢什么运动？为什么喜欢这项（xiàng; *measure word*）运动？
2. 你喜欢的运动方式是什么样的？室内（shìnèi; indoor）的还是室外（shìwài; outdoor）的？集体（jítǐ; collectivity）的还是个人的？
3. 你住的地方附近有没有运动的地方？那儿怎么样？去运动的人多吗？你常常去那儿吗？

1. 体育	tǐyù	（名）	sports	스포츠.	運動
2. 互相	hùxiāng	（副）	each other	서로.	お互いに
3. 路过	lùguò	（动）	pass by	지나다.	寄る
4. 放松	fàngsōng	（动）	relax; ease	정신적 긴장을 풀다.	リラックスする
5. 过奖	guòjiǎng	（动）	overpraise; undeserved compliment	과찬이십니다.	褒めすぎる

5. 正好	zhènghǎo	（副）	just; on the beam	마침.	ちょうどよい
6. 不见不散	bújiàn búsàn		be there or be square	만날 때까지 기다리다.	来るまで待つ
7. 加紧	jiājǐn	（副）	press on with	박차를 가하다.	急ぐ
8. 训练	xùnliàn	（动）	train; practice; exercis	훈련하다.	練習する

课文一　　Text

咱们互相学习

（在网球场，哈利碰到了李阳……）

哈　利：李阳，瞧你满头大汗的，看样子是刚运动完吧？

李　阳：对，我刚打完篮球，路过网球场就进来看看。你经常来打网球吗？

哈　利：是的，我很喜欢打网球。一有空儿就来这儿打网球，放松一下。

李　阳：真没想到你网球打得这么好。

哈　利：过奖了。什么时候有空，我们打一场吧。

李　阳：说真的，我很想和你打一场，不过你得先教我。我可是一点儿也不会。

哈　利：这有什么问题？我教你就是了。网球很容易学，你这么聪明，肯定一学就会。

第七课　体育运动

李　阳：太好了，这个星期天就教我，怎么样？

哈　利：那天我正好有空。好，说定了。星期天下午，不见不散。对了，你篮球打得怎么样？

李　阳：马马虎虎。我参加了校篮球队，过几天我们队要跟别的学校球队比赛。这两天正加紧训练呢。

哈　利：你是校篮球队的？那一定打得不错。不如这样，我教你打网球，你教我打篮球。咱们互相学习。

生词二　New words

1. 约	yuē	（动）	make an appointment	약속하다.	誘う
2. 图片	túpiàn	（名）	picture	사진, 그림.	(物事の説明に用いる)図面、絵、写真、図画
3. 游戏	yóuxì	（名）	game	게임.	ゲーム
4. 颈椎	jǐngzhuī	（名）	neck; cervical spine; cervical vertebra	경추, 목등뼈.	頸椎
5. 凑热闹	còu rènao		join in the fun	함께 모여 즐겁게 놀다.	遊びの仲間に入る
6. 小区	xiǎoqū	（名）	community	주택 단지.	団地、住宅地区
7. 室内	shìnèi	（名）	indoor	실내.	室内
8. 广泛	guǎngfàn	（形）	extensive; wide-raging	폭넓다.	幅広い
9. 聚	jù	（动）	gather	모이다.	集まる

课文二　Text

我们去打篮球吧

（李阳去找哈利，约他一起去打篮球）

李　阳：哈利，这几天都没看到你，在忙什么？

哈　利：没什么，就是在家上网。网上有意思的东西太多了，像电影、图片、游戏什么的。我现在一起床就上网，常常一上就是一天。李阳，你喜欢上网吗？

李　阳：我当然喜欢，不过上网时间长了对颈椎不好。像你这样每天对着电脑可不行，该多活动活动。我们去打篮球吧。

哈　利：我篮球打得又不好，凑什么热闹！我们还是一起在网上看电影吧。

李　阳：我们小区新开了一个室内体育馆，非常好，附近的年轻人没有不喜欢的。去那儿玩儿的人特别多。

哈　利：在那儿打网球的人多不多？

李　阳：很多。现在的年轻人爱好都很广泛，又喜欢聚在一起运动，所以在那儿打网球的人很多。你一定能交上很多好朋友。

哈　利：太好了，我们还可以一边打球，一边聊天儿。

李　阳：是啊，这样既能锻炼身体又能练习口语，多好呀！

第七课　体育运动

练习　Exercises

一、朗读下面的句子，请注意语音、语调　Read the sentences aloud and pay attention to the tone

1. 瞧你满头大汗的，看样子是刚运动完吧？
2. 真没想到你网球打得这么好。
3. 这有什么问题？我教你就是了。
4. 这两天正加紧训练呢。
5. 我现在一起床就上网，常常一上就是一天。
6. 我篮球打得又不好，凑什么热闹！

二、替换练习　Substitution drill

1. <u>瞧你满头大汗的</u>，看样子<u>是刚运动完</u>吧？

打雷了	要下雨了。
他拿着很多行李	刚从家里回来。
他一上课就睡觉	昨晚开夜车(stay up late)了。

2. 真没想到你网球打得这么好。

她的汉语说得这么好
爸爸会给我买车
他把那三碗面都吃光了

3. <u>那天</u> 我正好<u>有空</u>。

星期天	他	在家
她到家时	妈妈	做完晚饭
明年这时候	她	20岁

4. 上网时间长了对颈椎不好。

服务员	我们	很热情
吃太多药	身体	不好
我们	这家饭店	很不满意

5. 我篮球打得又不好，凑什么热闹！

他又不会唱歌
我又不认识他们
我足球踢得又不好

6. 附近的年轻人没有不喜欢的。

中国人　　知道长城
小孩子　　喜欢玩具
女孩子　　爱逛街

三、根据所给词语完成对话　Accomplish the dialogue according to the given words

1. A：昨天你看见玛丽了吗？
   B：她拿着很多东西，＿＿＿＿＿＿＿＿＿＿。（看样子）

2. A：听说李阳病了，你知道他现在怎么样了吗？
   B：＿＿＿＿＿＿＿＿＿＿＿＿＿＿＿＿。（一点儿也不……）

3. A：你有什么爱好？
   B：＿＿＿＿＿＿＿＿＿＿。（像……什么的）

4. A：听说你会做菜，做得怎么样？
   B：＿＿＿＿＿＿＿＿＿＿＿＿。（马马虎虎）

5. A：可以和你一起吃饭吗？我还有很多问题想问你。

　　B：_____。（一边……一边……）

6. A：听说你下课后在一家中国饭店打工。

　　B：是呀。_____。（既……又……）

四、按照下面的提示复述课文　Recite the text according to the prompt

课文一

　　李阳刚_____，回来的时候路过_____就进去看看，正好_____。李阳虽然_____，但是_____，他没想到_____，他想请哈利_____打网球。哈利篮球打得_____，他们_____学习。

课文二

　　李阳的小区_____，他约哈利去_____。哈利喜欢_____，因为网上有_____，像_____什么的。李阳说_____对颈椎_____，李阳_____哈利这个室内体育馆_____，附近的年轻人_____。现在的年轻人_____，又喜欢_____，所以在那儿_____的人很多，可以跟他们一边_____，一边_____，这样既_____又_____。

五、根据下面的情景作对话练习　Make a dialogue according to the scene

1. 内容：朋友甲在游泳馆门口遇到朋友乙，聊起自己的爱好。甲喜欢打网球，乙喜欢游泳。乙建议甲学游泳，他们约好了一起游泳。

　　角色：两个朋友

2. 内容：两个朋友在学外语。甲在学日语，乙在学法语。甲劝乙也学日语。

　　角色：两个朋友

练习1和2的参考词语：

瞧……的　看样子　路过　一……就……　放松　没想到
过奖　说真的　互相　一点儿也不　这有什么问题？
容易……　正好　说定了　不见不散　V得怎么样
马马虎虎　正……呢　不如……

3. 内容：女儿不喜欢运动，爸爸劝她多运动，锻炼身体。
   角色：女儿和爸爸

4. 内容：孩子想报名参加学校的武术（wǔshù; martial arts）兴趣班，妈妈不同意。
   角色：孩子和妈妈

练习3和4的参考词语如下：

像……什么的　一……就……　一……就是……
对……不好　像……这样　……没有不……　凑什么热闹
广泛　一边……一边　既……又……　说定了　不见不散
互相　看样子

六、请你说说　Have a talk

1. 你平时喜欢什么球类运动？打（踢）得怎么样？
2. 你们国家最流行的体育运动是什么？为什么？
3. 你在读中学的时候，学校有什么球队？他们比赛成绩怎么样？
4. 在你们国家，年轻人聚在一起常常做什么？做游戏吗？请介绍一下。

第八课

上网

热身 Warm up

1. 你晚上常常做什么?
2. 你喜欢上网吗?喜欢什么时候、在哪儿上网?
3. 你上网一般做什么?聊天儿、玩游戏还是工作?上网的时候喜欢看什么?

生词一 New words

1. 精神	jīngshen	(名)	energy	기력.	元気、活力
2. 熬夜	áo yè		sleep late at night; stay up late	밤새다.	徹夜する
3. 打盹儿	dǎ dǔnr		snooze; to take a nap	졸다.	居眠りをする
4. 不愧	búkuì	(副)	creditable	손색이 없다.	さすが
5. 下载	xiàzài	(动)	download	다운로드하다.	ダウンロード
6. 死机	sǐ jī	(动)	(of a computer) to crash	컴퓨터가 다운되다.	固まる

7.	中	zhòng	（动）	infect	입다. 당하다.	(パソコン)潰れる
8.	病毒	bìngdú	（名）	virus	바이러스.	ウイルス
9.	资料	zīliào	（名）	data; information	자료.	資料
10.	难怪	nánguài	（副）	no wonder	어쩐지.	道理で

课文一 Text

我上了一个晚上的网

李　阳：哈利，怎么这么没精神，是不是昨晚又熬夜了？

哈　利：嗯，你怎么知道？

李　阳：看你眼睛红红的，上课总是打盹儿，肯定又上了一个晚上网。

哈　利：真不愧是我的好朋友，你太了解我了。我就喜欢上网聊天，跟世界各国的人交朋友。

李　阳：我跟你不一样。我不太喜欢在网上聊天，常常在网上下载东西。

哈　利：下载？你都下载什么？

李　阳：我喜欢看电影，常常下载电影看。

哈　利：我听说经常下载对电脑不太好。最近我的电脑老是死机，就是因为下载时中了病毒。

李　阳：那我得注意点儿。你上网除了聊天还干什么？

哈　利：上网可以做很多事啊，比如查资料、看新闻、玩儿游戏……。

第八课 上网

李　阳：难怪你这么喜欢上网，原来是这样啊。
哈　利：我还喜欢旅游，也常常上网查旅游资料，昨天我就查了一晚上。
李　阳：那你找到你想要的东西了吗？
哈　利：当然，找到很多。

生词二　New words

1.	结伴	jié bàn		mate	함께 하다.	一緒に
2.	首先	shǒuxiān	（副）	at first	우선.	まず
3.	对方	duìfāng	（名）	opponent; opposite party	상대방.	相手
4.	讨论	tǎolùn	（动）	talk about	토론하다.	討論する
5.	值得	zhídé	（动）	worth	…할 만한 가치가 있다.	する価値がある
6.	计划	jìhuà	（名）	plan	계획.	計画
7.	符号	fúhào	（名）	symble; sign	기호, 표기.	記号

课文二　Text

我在网上认识了一个朋友

（哈利告诉李阳他上网的故事）

我非常喜欢上网，常常一上就是好几个小时。最近我在网上认识了一个朋友。我们虽然从来没有见过面，但是常常结伴

"网上旅游"。你知道怎么"网上旅游"吗？其实很简单，上网的时候，我们首先把自己准备好的资料和图片传给对方，然后一起讨论。如果我觉得这个地方值得去，就做好计划，下次和他一起到这个地方旅游。他还告诉我网上很多有意思的符号。你知道"886"是什么意思吗？是"再见"的意思。我很喜欢这个朋友，决定请他来我们学校玩儿，然后一起去旅游。

练习 Exercises

一、朗读下面的句子，请注意语音、语调 Read the sentences aloud and pay attention to the tone

1. 怎么这么没精神，是不是昨晚又熬夜了？
2. 真不愧是我的好朋友，你太了解我了。
3. 你上网除了聊天还干什么？
4. 难怪你这么喜欢上网，原来是这样啊。
5. 你知道"886"是什么意思吗？是"再见"的意思。

二、替换练习 Substitution drill

1. 真不愧是<u>我的好朋友</u>，<u>你太了解我了</u>。

我的好姐姐	你对我太好了
足球迷	这么了解足球
好老师	课讲得那么清楚

第八课 上网

2. 你<u>上网</u>除了聊天还干什么?

他	喜欢踢足球	喜欢什么运动
你在中国	学习汉语	工作吗
哈利	去过上海	去过哪儿

3. <u>难怪</u>你这么喜欢上网,<u>原来</u>是这样啊。

你没来上课	是生病了
她的汉语这么好	她在中国住了20年了
我听不懂他说什么	他说的是上海话

4. (我)常常一<u>上</u> 就是好几个小时。

睡	一天
喝	五瓶啤酒 (píjiǔ; beer)
聊	好长时间

5. <u>我们</u>虽然从来没有见过面,但是常常结伴"网上旅游"。

姐姐	会说些汉语	不会写汉字
外面	在下雨	还是有很多人在操场上踢球
这件衣服	很漂亮	太贵了

6. <u>我们</u>首先<u>把</u>自己准备好的资料和图片传给对方,然后<u>一起</u>讨论。

大家	要了解生词的意思	才能造句
同学们	准备考试	商量去哪儿旅游
哈利	要填一张表格	才能换钱

三、根据所给词语完成对话 Accomplish the dialog according to the given words

1. A：我的电脑怎么打不开了？
   B：_____。（中病毒）

2. A：你今天怎么这么困？
   B：_____。（熬夜）

3. A：这部电影里的演员说的是上海话。
   B：_____。（难怪）

4. A：我听说云南大理很漂亮，你去过那儿吗？
   B：_____。（从来）

5. A：你不是已经去过一次北京了吗？
   B：_____。（值得）

6. A：你们这么多人在干什么呢？
   B：_____。（讨论）

四、按照下面的提示复述课文 Recite the text according to the prompt

课文一

哈利今天很_____，因为他昨晚_____。他喜欢_____。除了_____，他还喜欢_____。李阳不太喜欢上网聊天。因为他喜欢_____，所以常常在网上_____。可是_____对电脑不太好，以后他得注意点儿。

课文二

哈利非常喜欢_____，最近他在网上_____了一个朋友。虽然他们_____没有见过面，但是他们常常_____。_____把自己准备好的资料和图片传给对方，一起讨论。如果觉得某个地方_____，就做好_____，下次他们一起去。

第八课　上网

五、根据下面的情景作对话练习　Make a dialog according to the scene

1. 内容：两个好久不见的朋友在路上碰到，聊了起来。两个人谈了各自最近的生活。一个最近喜欢上网，告诉他的朋友网上有很多有意思的事。
   角色：两个朋友

2. 内容：两个同事谈论上网时都喜欢干什么。
   角色：两个同事

练习1和2的参考词语：

> 精神　熬夜　真不愧　太……了　跟……(不一样)
> 中病毒　查资料　聊天儿　下载　看新闻　玩游戏
> 对……(不)好　难怪……　原来……
> 除了……还……　比如说……等等　打盹儿　死机

3. 内容：你告诉别的同学在网上交朋友的事。
   角色：两个同学

4. 内容：你在网上查了很多旅游资料，然后说说旅游计划。
   角色：一个人

练习3和4的参考词语：

> 一……就是……　　虽然……但是……　从来
> 首先……然后……　计划　讨论　值得
> 如果……就……　　结伴　其实　图片　资料　决定

六、请你说说　Have a talk

1. 你常常在网上下载东西吗？一般下载什么？
2. 你觉得上网对你的生活有什么改变？举例谈一谈。
3. 你有网友吗？介绍一下你的网友。（哪国人？年龄、性格怎么样？有什么爱好？怎么认识的？）
4. 你知道在中国还有哪些网络（wǎngluò; network）语言？请跟大家介绍一下。

第九课

养宠物

热身　Warm up

1. 你喜欢动物吗？喜欢什么动物？
2. 你养过宠物吗？养过什么宠物？有名字吗？
3. 你见过哪些动物？在哪儿见的，动物园还是电视上？

生词一　New words

1. 养	yǎng	（动）	foster; provide for	기르다.	飼う
2. 宠物	chǒngwù	（名）	pet	애완 동물	ペット
3. 惹	rě	（动）	annoy; provoke	(사람이나 사물 등이)어떤 감정을 이르키다.	(話が人にある感情を)起こさせる
4. 懂事	dǒng shì		intelligent	철들다.	ものがわかる
5. 劝	quàn	（动）	persuade	타이르다.	勧告する
6. 流浪	liúlàng	（动）	lead a vagrant life	떠돌아다니다.	さすらう

第九课　养宠物

7. 宝贝	bǎobèi	（名）	baby; honey	보물.	宝物
8. 收容	shōuróng	（动）	adopt	수용하다.	収容する
9. 打针	dǎ zhēn	（动）	give an intectin to someone	주사를 놓다.	注射する
10. 户口	hùkǒu	（名）	registered permanent residence	호구.	戸籍
11. 根本	gēnběn	（副）	at all	전혀. 도무지.	まったく
12. 一向	yíxiàng	（副）	all long; lately	줄곧.	いままでずっと

课文一　Text

他昨天抱回来一只流浪狗

李　阳：喂，阿姨，听说您刚才打电话给我了，有什么事吗？

阿　姨：李阳，我想找你帮个忙。

李　阳：是不是和弟弟有关？您一给我打电话，我就知道他又惹您生气了。

阿　姨：要是他能像你这么懂事该多好啊！最近我忙得很，可他老是给我惹事。你过来劝劝他吧。

李　阳：到底是什么事啊？

阿　姨：他昨天抱回来一只流浪狗，像宝贝似的整天抱着它，还不让别人碰，真拿他没办法。

李　阳：您打算怎么办？

阿　姨：要么把狗送到收容所，要么就好好儿养它，给它打针、上户口。

李　阳：我觉得只要您好好儿跟他说，他就会明白的。他现在懂事多了。

阿　姨：他根本不听我的。他一向听你的话，你来我这儿帮我劝劝他吧。

李　阳：行，我明天早上一吃完早饭就过来。

阿　姨：好。你也好久没来我家了。这次来，在我家住几天吧，顺便帮你弟弟复习复习英语。

李　阳：看样子这次来很忙呀！

生词二　 New words

1.	照顾	zhàogù	（动）	look after	돌보다.	世話する
2.	几乎	jīhū	（副）	nearly; almost	거의.	ほとんど
3.	舍得	shěde	（动）	be willing to part with	미련이 없다.	惜しまない
4.	剩下	shèngxià	（动）	left	남다.	残る、残す
5.	难过	nánguò	（形）	sad	슬프다.	悲しい

第九课　养宠物

课文二　Text

少养几只不就行了

哈　利：李阳，我昨天给你打电话，想叫你去打球。可是你不在家。

李　阳：昨天我去弟弟家了。他最近养了一只狗，让我去看看。他很喜欢养宠物。

哈　利：我在国内时也喜欢养宠物，最多的时候养过两只狗、三只猫。

李　阳：真多呀！每天都得照顾它们，很累吧？

哈　利：是啊，别提多麻烦了。天天得给它们洗澡、喂食，累得我直想睡觉。

李　阳：你养这么多当然累了，少养几只不就行了？

哈　利：我也这么想过。可是养了好几年了，我们几乎天天在一起，怎么舍得送人？

李　阳：它们一定很可爱吧，你这么喜欢它们。

哈　利：是呀。每天早上，我们家的猫就跳到我的床上，叫我起床。吃了早饭，那两只小狗就陪我去散步。

李　阳：它们还在你家吗？

哈　利：狗还在，猫就剩下一只了。一只死了，一只被我妹妹抱走了。唉！

李　阳：你别难过，可以再养嘛。

哈　利：我都来上海了，还养什么呀？

练习　Exercises

一、朗读下面的句子，请注意语音、语调　Read the sentences aloud and pay attention to the tone

1. 要是他像你这么懂事该多好啊！
2. 到底是什么事啊？
3. 像宝贝似的整天抱着它，还不让别人碰，真拿他没办法。
4. 要么把狗送到收容所，要么就好好儿养它，给它打针、上户口。
5. 别提多麻烦了。
6. 我都来上海了，还养什么呀？

二、替换练习　Substitution drill

1. 像<u>宝贝</u>似的<u>整天抱着它</u>。

孩子	整天哭
妈妈	照顾我
老师	关心大家

2. 要么<u>把狗送到收容所</u>，要么<u>就好好养它</u>，给它打针、上户口。

看电视	听音乐
去上海	去北京
喝咖啡	喝茶

第九课　养宠物

3. 我觉得只要您<u>好好儿跟他说</u>，他就<u>会明白</u>的。

努力学习　　　能学好汉语
好好儿锻炼身体　　不会生病
认真听　　　　能听懂

4. 别提多<u>麻烦</u>了。

累
高兴
难

5. <u>少养几只</u>不就行了？

不想它
多写几遍
上网查一查

6. 我都<u>来上海了</u>，还<u>养</u>什么呀？

那件事都过去了　　想
东西已经够多了　　买
快睡觉了　　　　　吃

三、根据所给词语完成对话　Accomplish the dialogue according to the given words

1. A：今天早上下雨了，不能去公园玩了。

   B：是呀，＿＿＿＿＿＿＿＿＿＿＿＿。（要是……该多好啊）

2. A：她哭了很长时间了，怎么办？

   B：＿＿＿＿＿＿＿＿＿＿＿＿。（劝）

3. A：我昨天晚上做了很多中国菜，他为什么只吃了几口就不吃了？
   B：_____。（一向）

4. A：明天要考试，我很紧张。
   B：_____？（……不就行了）

5. A：他会写汉字吗？
   B：_____。（几乎）

6. A：我们把小狗送给小王怎么样？
   B：_____。（舍得）

四、按照下面的提示复述课文　Recite the text according to the prompt

课文一

　　李阳的弟弟昨天_____，像_____似的____抱着它。他的妈妈_____，所以她找李阳_____，要么_____，要么_____。但是李阳觉得弟弟现在_____，只要_____，他就_____。最后，李阳决定去弟弟家_____他，顺便帮弟弟_____英语。

课文二

　　哈利在自己国家时_____，他养过_____，天天得给它们洗澡、喂食，别提_____了。哈利想过_____，可是养了_____，几乎_____，不_____送人。每天他家的小猫_____，两只狗_____。现在哈利的家_____一只猫_____一只狗了。

五、根据下面的情景作对话练习　Make a dialog according to the scene

1. 内容：儿子想养一只猫，可是妈妈不同意。
   角色：妈妈和儿子

2. 内容：我的小狗生病了，去宠物医院给它看病。
   角色：我和医生

练习 1 和 2 的参考词语：

> 一……就……　要是……该多好啊　懂事　劝
> 要么……要么……　像……似的　只要……就……
> 根本　一向　打针　麻烦　流浪　顺便　照顾
> 养　陪　拿……没办法

3. 内容：两个朋友讨论养宠物好不好。
   角色：两个朋友

4. 内容：一对夫妻准备养一只宠物，去宠物店挑选。
   角色：丈夫和妻子

练习 3 和 4 的参考词语：

> 照顾　别提多……了　喂　……不就行了　累　养
> 陪　散步　要是……该多好　几乎　舍得　可爱
> 拿……没办法　看样子　要么……要么……　别……

六、请你说说　Have a talk

1. 如果在路上碰到流浪狗，你会怎么做？
2. 在你们国家，人们都喜欢养什么宠物？为什么？
3. 动物被关在动物园的笼子(lóngzi; cage)里，你觉得好不好？为什么？
4. 你家以前或者现在养宠物吗？说说你家的宠物（什么颜色？吃什么？喜欢什么？）。有照片的话给同学们看看。

第十课

学习生活

热身 Warm up

1. 你是怎么学汉语的？上课前你预习新课吗？下课后复习吗？
2. 考试前你常常怎么复习？
3. 你觉得考试难吗？读写、听力、语法、口语，哪个最难？

生词一 New words

1. 手册	shǒucè	（名）	manual; handbook	안내서.	ハンドブック
2. 考虑	kǎolǜ	（动）	think about	생각하다.	考える
3. 提醒	tíxǐng	（动）	remind	일깨우다.	注意を与える
4. 拼音	pīnyīn	（名）	pinyin	병음.	ピンイン
5. 光	guāng	（副）	only	오로지.	ばかり
6. 害怕	hàipà	（动）	be afraid; fear	두려워하다.	恐れる
7. 制订	zhìdìng	（动）	formulate; map out	만들어 정하다.	制定する
8. 尽快	jǐnkuài	（副）	as soon as possible	되도록 빨리.	なるべく早く

课文一　Text

该学习了

芳　子：金大永，你在干嘛？复习功课吗？

金大永：不是，我在看《旅游手册》，我正考虑去哪儿玩儿呢。

芳　子：你怎么还想去哪儿玩儿啊？下个星期就要考试了，该学习了。

金大永：你怎么不早提醒我呢？我都忘了。从明天开始，我要努力学习。

芳　子：今天就应该开始努力学习了。别总想着玩儿。

金大永：你说得对。不过我们下个星期考什么？

芳　子：下个星期我们要考读写和口语。读写课从第十五课考到第三十课，老师提醒我们，这次考试只能写汉字，不能写拼音。

金大永：啊？我最怕写汉字了，要是只考拼音就好了。

芳　子：我也觉得汉字很难，可是光害怕有什么用？从现在起好好儿练习写汉字吧！

金大永：这主意不错。你还有什么好的建议？

芳　子：你最好制订一个学习计划，每天按照计划复习。

金大永：你有学习计划吗？借我看看吧。

芳　子：当然可以，不过你要尽快还给我。

生词二 New words

1. 及时	jíshí	（副）	in time	제때에.	すぐに
2. 笔记	bǐjì	（名）	note	필기.	メモ
3. 积极	jījí	（形）	active; positive	적극적이다.	積極的な
4. 布置	bùzhì	（动）	give instructions about	안배하다.	手配する
5. 预习	yùxí	（动）	prepare lessons before class	예습하다.	予習する
6. 要不然	yàoburán	（连）	or else; otherwise	그렇지 않으면.	でないと
7. 提高	tígāo	（动）	improve	향상시키다.	高める

课文二 Text

芳子的学习计划

（芳子向大家介绍她的学习计划……）

我们每天都会学习新的知识，而且现在学的东西多，作业也多，如果不及时复习就容易忘，真叫人着急。我觉得没有一个很好的学习计划是不行的。下个星期考试，为了这次考试，我制订了这个星期的学习计划。每天早上我七点起床，吃完早饭，从七点半到八点读课文。八点去上课，上课的时候不仅要认真听课，还要记笔记，积极回答问题。下午我跟我的中国朋友聊天，这对提高我的口语水平有很大帮助。晚上首先认真完成老师布置的作业，再复习以前学过的内容，最后预习第二天的课文。到周末，一定要把学过的生词和课文再看一遍，要不

第十课 学习生活

然就会忘记的。如果我每天都能完成计划，就会觉得很高兴。我对现在的学习生活很满意。

一、朗读下面的句子，请注意语音、语调 Read the sentences aloud and pay attention to the tone

1. 你怎么不早提醒我呢？我都忘了。
2. 我最怕写汉字了，要是只考拼音就好了。
3. 我也觉得汉字很难，可是光害怕有什么用？
4. 从现在起好好儿练习写汉字吧！
5. 我觉得没有一个很好的学习计划是不行的。
6. 上课的时候不仅要认真听课，还要记笔记，积极回答问题。

二、替换练习 Substitution drill

1. <u>下个星期就要考试了</u>，该<u>学习</u>了。

后天就要去旅游了	准备行李
都十二点了	睡觉
学期快结束了	考试

2. 你怎么不早<u>提醒我</u>呢？

他	来考试
姐姐	去看病
哈利	给我打电话

3. 光害怕有什么用？

> 会写汉字
> 生气
> 哭

4. 没有<u>一个很好的学习计划</u>是不行的。

> 认真的学习态度
> 工作
> 足够的钱

5. <u>上课的时候</u>不仅<u>要认真听课</u>，还要记笔记，积极回答问题。

> 学汉语　　要练习听说　　要练习读写
> 老人们　　需要吃饱穿暖　　需要有人陪
> 我们　　　要去　　　　　要一起去

6. 一定要把学过的生词和课文再看一遍，要不然<u>就会忘记的</u>。

> 一定要早睡觉　　　第二天没精神
> 你最好带上词典　　会看不懂的
> 给他打个电话吧　　他会着急的

三、根据所给词语完成对话　Accomplish the dialogue according to the given words

1. A：你决定什么时候去北京了吗？
   B：_____。（考虑）

2. A：我们步行去是不是太远了？
   B：_____。（要是……就好了）

3. A：下个星期考 HSK，你有什么复习计划？

   B：_____。（从……起）

4. A：今天晚上你打算干什么？

   B：_____。（首先……再……最后……）

5. A：你们的课堂气氛怎么样？

   B：_____。（积极）

6. A：你觉得上海的交通怎么样？

   B：_____。（对……满意）

四、按照下面的提示复述课文 Recite the text according to the prompt

课文一

下个星期就要_____了，可是金大永还在_____呢。芳子提醒他别_____，该_____。下个星期他们要考_____，而且这次读写考试只能_____，不能_____。金大永最害怕_____。芳子建议他制订_____，每天_____。

课文二

她觉得没有_____是不行的，所以她_____这个星期的_____。每天早上七点_____，从_____到_____读_____，八点_____，上课的时候不仅_____，还_____，下午_____，晚上首先_____，再_____，最后_____。周末一定_____。

五、根据下面的情景作对话练习 Make a dialogue according to the scene

1. 内容：一个留学生觉得汉字很难记也很难写。他的中国朋友给了他一些建议。

   角色：留学生和中国朋友

2. 内容：快周末了，两个朋友商量去哪儿旅游，带些什么东西，准备制订一个计划。
   角色：两个朋友

练习 1 和 2 的参考词语：

> 快……了　　该……了　　怎么不早……
> 要是……就好了　　别……　　从……到……
> 从……起……　　从……开始……　　光……有什么用
> 主意　尽快　制订　最好　按照　考虑　提醒

3. 内容：你这个学期的学习计划。

4. 内容：你将来五年的生活、工作计划。

练习 3 和 4 的参考词语：

> 制订　容易　没有……是不行的　不仅……还……
> 从……到……　积极　真叫人着急　对……很/不满意
> 对……有帮助　首先　再……最后……
> 如果……就……　要不然……

六、请你说说

1. 你平时喜欢订计划吗？一般做哪方面的计划？
2. 你会按照计划做事吗？你觉得做计划有用吗？为什么？
3. 你身边有没有很会制订计划的朋友？向大家介绍一下。

第十一课

口语学习

1. 你的汉语说得怎么样？你的汉语发音标准吗？
2. 你请过辅导老师吗？怎么请的？效果（xiàoguǒ；effect）怎么样？
3. 平时你怎么练习汉语口语？有什么好的方法？

1. 功课	gōngkè	（名）	homework	숙제.	授業
2. 流利	liúlì	（形）	fluent	유창하다.	流暢だ、ぺらぺらである
3. 辅导	fǔdǎo	（动）	give guidance in study or training	도우며 지도하다.	指導する
4. 方面	fāngmiàn	（名）	aspect	부분.	面
5. 研究生	yánjiūshēng	（名）	postgraduate student	연구생.	大学院生
6. 费用	fèiyòng	（名）	cost; fee	비용.	費用
7. 无聊	wúliáo	（形）	bored; boring	지루하다. 심심하다.	つまらない
8. 成立	chénglì	（动）	establish	결성하다.	設立する

课文一 Text

我还是参加"汉语角"吧

金大永：李阳，你在忙什么？

李　阳：我在复习功课，今天怎么有空来找我？你不是在复习吗？

金大永：我复习得还不错，就是说汉语说得不太流利，想找一个辅导老师，所以找你商量。

李　阳：你想找什么样的辅导老师？

金大永：我也拿不定主意，所以才请你帮忙。

李　阳：我觉得最好是给自己上课的老师，他知道你哪个方面学得不太好。

金大永：我原来也这么想，不过老师比较忙，一般不会答应吧。

李　阳：对了，你可以找研究生嘛！一对一学汉语，而且费用也不高。

金大永：找研究生行是行，就是一个人上课，比较无聊。

李　阳：我想起来了，学院最近成立了"汉语角"，你可以去那儿练习口语。

金大永：什么是"汉语角"？

李　阳："汉语角"就是说汉语的地方，在那儿，不论是从哪个国家来的都必须说汉语。

金大永：好极了，我还是参加"汉语角"吧！什么时候报名？

李　阳：现在就可以报名，走，我跟你一起去。

第十一课 口语学习

生词二　New words

1. 遍	biàn	（量）	measure word	번. 회.(동작이 시작되어 끝날 때까지의 전 과정을 말함)	回
2. 自从	zìcóng	（介）	since	…부터.	~から
3. 进步	jìnbù	（动）	improve	진보하다.	進步
4. 方法	fāngfǎ	（名）	method	방법	方法
5. 一举两得	yìjǔ liǎngdé		kill two birds with one stone	일거양득.	一石二鳥

课文二　Text

坚持就是胜利

唐老师：同学们，大家在上海快一年了，汉语也越来越好了。不过有的同学说，他们还不知道怎么练习口语。今天我们

芳　子：我觉得听力很重要。听力好了，口语也会好起来。所以我常常听录音，一遍遍听，一遍遍跟着读。现在我的听力好多了，也敢和中国人谈话了。

黄佳佳：我同意。自从我每天坚持听录音以后，口语进步很快。

哈　利：我学口语的方法跟你们不一样。我们现在有机会跟中国人聊天，为什么还要在宿舍听录音呢？

金大永：那你觉得应该多和中国人聊天？

哈　利：对。除了上课，我剩下的时间就去商店、公园，和各种各样的人聊天。我觉得这是学口语最好的方法。

丽　莎：和中国人聊天，既能练习口语，又能练习听力，一举两得。……

唐老师：好了，刚才同学们说了很多方法。不过我想提醒大家的是，练习口语最重要的是坚持。"坚持就是胜利"嘛！

练习　　Exercises

一、朗读下面的句子，请注意语音、语调　Read the sentences aloud and pay attention to the tone

1. 今天怎么有空来找我？
2. 对了，你可以找研究生嘛！

第十一课 口语学习

3. 好极了，我还是参加"汉语角"吧！

4. 我们现在有机会跟中国人聊天，为什么还要在宿舍听录音呢？

5. 和中国人聊天，既能练习口语，又能练习听力，一举两得。

6. "坚持就是胜利"嘛！

二、替换练习　Substitution drill

1. <u>说汉语</u> 说得<u>不太流利</u>。

打篮球	打	很好
唱歌	唱	不太好
吃饭	吃	很慢

2. <u>找研究生</u> 行是行，就是<u>一个人上课比较无聊</u>。

这件衣服	漂亮	漂亮	我穿有点儿小
四川菜	好吃	好吃	太辣了
学汉语	有意思	有意思	语法有点儿难

3. 不论<u>是从哪个国家来的</u>，都<u>必须说汉语</u>。

大人还是小孩	喜欢这种游戏
老师还是学生	不应该迟到
有多难	要试一试

4. 自从<u>我每天坚持听录音</u>以后，<u>口语进步很快</u>。

来中国	我一直坚持锻炼身体
参加"汉语角"	我的汉语口语越来越好了
工作	他一直非常忙

5. 我学口语的方法跟你们不一样。

姐姐的性格	妹妹
欧洲人的长相	亚洲人
南方菜的味道	北方菜

6. 既能练习口语，又能练习听力。

能学知识	能赚钱
可以工作	可以练习口语
能减肥	能锻炼身体

三、根据所给词语完成对话　Accomplish the dialogue according to the given words

1. A：你决定找研究生还是本科（běnkē, undergraduate）生给你辅导汉语？
   B：_____。（拿不定主意）

2. A：他跑步跑得快还是慢？
   B：_____。（……极了）

3. A：你还认识我吗？
   B：哦，_____。（想起来）

4. A：他汉语学得怎么样？
   B：_____。（进步）

5. A：最近你怎么瘦了这么多？
   B：_____。（坚持）

6. A：听说你最近身体不太好，现在好点儿了吗？
   B：_____。（形 + 起来）

第十一课　口语学习

四、按照下面的提示复述课文　Recite the text according to the prompt

课文一

　　金大永觉得复习得_____，就是_____。他想找_____，但是_____，所以他去找李阳_____。李阳先建议他找_____，然后又建议他找_____。最后，李阳想到学院最近_____"汉语角"。在那儿，不论_____。金大永觉得_____，决定马上去_____。

课文二

　　唐老师与大家一起讨论_____。芳子觉得_____。黄佳佳也_____芳子的看法。可是哈利的方法_____。他除了_____，剩下的时间就_____。丽莎也认为和中国人聊天既_____，又_____，是练习口语的好_____。最后，唐老师告诉大家_____。

五、根据下面的情景作对话练习　Make a dialogue according to the scene

1. 内容：两位留学生商量去参加"汉语角"。
   角色：两位留学生

2. 内容：两个外国朋友讨论找研究生辅导好还是自学好。
   角色：两个朋友

练习 1 和 2 的参考词语：

> 功课　不是……吗？　说汉语说得……　拿不定主意
> 我觉得最好是……　我原来也这么想，不过……　一对一
> 对了，……　……是……，就是……　我想起来了
> 不论……都　……极了　我还是……吧　报名

3. 内容：一位留学生问老师学汉语的方法。
   角色：学生和老师

4. 内容：两个朋友讨论怎样才能练好汉语口语。
   角色：两个朋友

练习3和4的参考词语：

> 我觉得……　……起来　同意　自从……以后，……
> 进步　方法　跟……（不）一样　有机会……
> 为什么还要……呢？　那你觉得……　除了……就……
> 既……又……　……嘛　剩下　最重要的是……

六、请你说说　Have a talk

1. 你参加过"汉语角"吗？那里的气氛怎么样？你觉得这对提高你的口语水平有没有帮助？

2. 你常常跟中国人聊天儿吗？在哪儿？你觉得他们热情吗？你常和他们聊什么？

3. 你认为学习汉语最好的方法是什么？请给同学们介绍一下。

4. 你喜欢上口语课吗？为什么？你觉得老师应该怎么上口语课才有意思？

第十二课

中国的父母

热身 Warm up

1. 你家人现在住在哪儿？你想家吗？
2. 你们国家的孩子学习辛苦吗？
3. 你的父母对你的要求高吗？你听说过"望子成龙（wàngzǐchénglóng; hold high hopes for one's child）"的说法吗？

生词一 New words

1. 出差	chū chāi		go on business	출장가다.	出張する
2. 重视	zhòngshì	（动）	attach importance to	중시하다.	重視する
3. 平时	píngshí	（名）	at ordinary times	평상시.	ふだん
4. 稍微	shāowēi	（副）	a little	조금.	すこし
5. 误会	wùhuì	（动）	misunderstand	오해하다.	誤解する
6. 脸色	liǎnsè	（名）	complexion	안색.	顔色
7. 管	guǎn	（动）	subject sb. to iscipline	관여하다.	しつける
8. 羡慕	xiànmù	（动）	admire	부러워하다.	うらやましい

课文一　　Text

我又不是小孩子了

（金大永和芳子在去杭州的火车上碰到一对母女。金大永和女孩儿聊了起来……）

金大永：你好，跟你妈妈去杭州旅游吗？

女　孩：不是，我们住在杭州。我刚在上海上完英语辅导班，现在回家。

金大永：你妈妈去上海出差吗？

女　孩：不是，我一个人在上海，妈妈很担心，所以陪我住在上海。

金大永：看样子你妈妈很重视你的学习啊！

女　孩：对，平时不是让我参加各种辅导班，就是请家教给我辅导，周末都不让我休息。

金大永：这是你妈妈关心你呀！

女　孩：可我又不是小孩子了。平时只要稍微晚点儿回家，她就老是给我打电话，还常在门口等我。我从来没有自己的时间。

金大永：你妈妈只是想让你学到更多的知识，你别误会了。

女　孩：可是，如果我有一次考试考得不好，妈妈就不会有好脸色。你妈妈这样吗？

第十二课　中国的父母

金大永：我小时候妈妈也管得很多，不过我做完作业就能做自己喜欢的事了。

女　孩：你妈妈真好，我太羡慕你了。

金大永：你妈妈也很好，以后你会明白的。

生词二　New words

1. 专门	zhuānmén	（副）	specially	특별히. 일부러.	わざわざ
2. 趁	chèn	（介）	take advantage of	(시간, 기회 등을)이용하여.	～うちに
3. 落后	luòhòu	（动）	fall behind	뒤떨어지다.	遅れる、後になる
4. 心疼	xīnténg	（动）	make one's heart ache	애석해하다.	かわいがる
5. 埋怨	mányuàn	（动）	complain	원망하다.	文句な言う
6. 效果	xiàoguǒ	（名）	effect	효과.	効果
7. 道理	dàolǐ	（名）	reason	일리.	わけ
8. 靠	kào	（动）	depend on	의지하다.	頼る

课文二　Text

整天学习也不一定有效果啊

（芳子在和女孩儿的妈妈聊天……）

芳　子：您是专门陪您女儿去参加辅导班的吗？

阿　姨：对，我正好放假，有时间。再说她还小，总不能让她一个人来吧？

芳　子：您女儿学习很努力，就是太累了。趁放假，应该让她休息休息。

阿　姨：唉！我们也没办法。现在考好大学很难，别的孩子都在补课，我们也不能落后。看到她这么辛苦，我们也很心疼。

芳　子：您对女儿要求太高了，不怕她埋怨你们吗？

阿　姨：与其以后考不上大学埋怨我们，不如现在让她多学习，等上了大学再休息。

芳　子：可是整天学习也不一定有效果啊！

阿　姨：那你有什么好建议？

芳　子：我劝您还是多给她一些休息时间，休息好才能学习好。

阿　姨：你说的有道理。

芳　子：还有我觉得她现在不小了，有些事让她自己做，比如去上海学习，您就不用陪她。

阿　姨：可她一个女孩子，出门在外，我不放心。

芳　子：这倒是。不过在外边有朋友帮忙呀，"在家靠父母，出门靠朋友"嘛。

第十二课　中国的父母

练习　Exercises

一、朗读下面的句子，请注意语音、语调　Read the sentences aloud and pay attention to the tone

1. 看样子你妈妈很重视你的学习啊！
2. 这是你妈妈关心你呀！
3. 可我又不是小孩子了。
4. 您是专门陪您女儿去参加辅导班的吗？
5. 您对女儿要求太高了，不怕她埋怨你们吗？
6. 可是整天学习也不一定有效果啊！

二、替换练习　Substitution drill

1. 平时不是<u>要我参加各种各样的辅导班</u>，就是<u>请家教给我辅导</u>。

坐车去	骑车去
在食堂吃饭	在家里做饭
两点来	三点来

2. <u>可我又不是小孩子了</u>。

哈利	加拿大人
她	我妈妈
爸爸	不回来了

3. <u>平时只要稍微晚点儿回家，她就老是给我打电话</u>。

你应该	早	睡觉
等他	大	再去学校
这件衣服要是	小	就更漂亮了

4. 她还小，总不能让她一个人来吧？

> 她都走了　　　　让她再回来
> 雨下得这么大　　现在就去
> 她都生病了　　　让她继续熬夜

5. 与其以后考不上大学埋怨我们，不如现在让她多学习。

> 买台电视　　　买台电脑
> 等他去　　　　你自己去
> 在这里等他　　直接去他公司找他

6. 我劝您还是多给她一些休息时间。

> 早点儿去医院看看
> 自己坐车去
> 多运动运动

三、根据所给词语完成对话　Accomplish the dialogue according to the given words

1. A：先生，您试一下这双鞋吧。
   B：_____。（稍微……）

2. A：他真的去香港旅游了吗？
   B：_____。（羡慕）

3. A：为什么你妈妈请假陪你一起来考试？
   B：_____。（重视）

4. A：你昨天晚上怎么没来？
   B：我昨天身体不舒服，_____。（再说）

5. A：你怎么拿这么多东西？不累吗？

　　B：我和奶奶一起来的，＿＿＿＿＿＿＿＿＿＿？（总不能让……）

6. A：我要减肥，你觉得吃减肥药有效果吗？

　　B：＿＿＿＿＿＿＿＿＿＿＿＿＿＿。（与其……，不如……）

四、按照下面的提示复述课文　Recite the text according to the prompt

课文一

　　金大永在火车上和一个小女孩儿＿＿＿＿＿。她住在＿＿＿＿，刚在上海＿＿＿＿＿。她的妈妈很＿＿＿＿她的学习。平时＿＿＿＿让她参加各种辅导班，＿＿＿＿请家教给她辅导。不过她觉得＿＿＿＿＿，从来＿＿＿＿＿。金大永劝她＿＿＿＿她妈妈，以后她就会＿＿＿＿的。

课文二

　　在火车上，芳子和女孩儿的妈妈＿＿＿＿＿。阿姨觉得现在＿＿＿＿＿有时间，再说＿＿＿＿＿，不能＿＿＿＿，所以＿＿女儿去＿＿＿＿。阿姨说，他们也＿＿＿＿，但现在＿＿＿＿＿，别的孩子＿＿＿＿，他们也不能＿＿＿＿＿。＿＿＿＿＿以后埋怨他们，＿＿＿＿＿现在＿＿＿＿。芳子劝阿姨＿＿＿＿＿，休息好才能＿＿＿＿＿，在外边也不用＿＿＿＿，"在家＿＿＿＿，出门＿＿＿＿"啊。

五、根据下面的情景作对话练习　Make a dialog according to the scene

1. 内容：孩子不想参加辅导班，妈妈劝他/她。
   角色：妈妈和孩子

2. 内容：父母商量给孩子请家教的事情。
   角色：爸爸和妈妈

练习1和2的参考词语：

> 辅导　看样子……啊　重视　不是……就是……
> ……都不……　又不是……　如果……就……　从来
> 稍微＋形＋点儿　别误会　羡慕　慢慢儿就……了

3. 内容：一个孩子觉得学习很累，不是上辅导班就是在家辅导，想出去玩儿。
   他们班的班长劝他要好好儿学习。
   角色：两个孩子

4. 内容：一个孩子考试考得不好不敢回家，他的老师送他回家。
   角色：老师、孩子、妈妈

练习3和4的参考词语：

> 陪……　正好　再说　总不能……吧　趁　没办法
> 落后　不怕……吗？　埋怨　与其……不如……
> 效果　劝你还是……　你说的有道理　还有　这倒是
> 不过……　在家靠父母，出门靠朋友

六、请你说说　Have a talk

1. 如果你有孩子，你想让他上辅导班，可他不愿意上。你会怎么做？
2. 你小时候上过辅导班吗？你喜欢上吗？为什么？
3. 你觉得中国父母教育孩子的方法好吗？在你们国家父母一般怎么教育孩子？

第十三课

电影与杂技

热身 Warm up

1. 不上课的时候你喜欢做什么？有什么业余爱好？
2. 你平时喜欢看电影吗？喜欢看什么电影？
3. 你看过杂技表演吗？是在电视上看的还是在剧场看的？你觉得杂技有意思吗？

生词一 New words

1. 部	bù	（量）	*measure word*	부.편.(서적이나 영화 편수 등을 세는 단위)	映画などを数える助数詞
2. 导演	dǎoyǎn	（名）	director	감독.	映画監督
3. 拍	pāi	（动）	make (a film)	촬영하다.	撮影する
4. 理解	lǐjiě	（动）	understand	이해하다.	理解する
5. 旗袍	qípáo	（名）	cheong sam; chi-pao	차파오.	チャイナドレス
6. 特色	tèsè	（名）	distinguishing feature	특색	特徴
7. 回头	huítóu	（副）	later	조금 있다가.	後で

专 名

1. 香港　　　　Xiānggǎng　　　　Hong kong　　홍콩　　　　香港
2. 《花样年华》Huāyàng Niánhuá a movie's name　화양연화(영화 제목)　花のような青春

课文一　Text

这部电影我没看明白

哈　利：芳子，明天你有空吗？我想请你看电影。

芳　子：好啊，听说一个香港导演新拍了一部电影，特别好看。名字叫——叫什么来着？

哈　利：你说的是《花样年华》吧？好像是香港著名女演员演的，我们就看这部吧！

（看完电影，他们从电影院出来……）

芳　子：这部电影我没看明白，里面的对话都不太好理解。你呢，哈利？

哈　利：对话我都听懂了，可还是看不懂。

芳　子：我对这个导演还比较了解，他拍的电影都不太好懂。

哈　利：哦，原来是这样！不过我觉得电影里的演员穿得很漂亮，你觉得呢？

第十三课 电影与杂技

芳　子：对啊，我对电影里的服装特别感兴趣，我觉得中国旗袍非常有特色。要是我也有一件旗袍该多好啊！

哈　利：你这么喜欢旗袍，回头我陪你去买一件就是了。

芳　子：哈利，谢谢你请我看电影。不早了，我们一起去吃饭吧！我请你吃北京烤鸭！

哈　利：太好了！最近我和李阳都很想吃烤鸭，不过一直没吃成。今天要是让他知道了，非生气不可。

生词二　New words

1. 杂技	zájì	（名）	acrobatics	서커스.	サーカス
2. 现场	xiànchǎng	（名）	scene; spot	현장.	生で
3. 惊险	jīngxiǎn	（形）	breathtaking	스릴이 있다.	スリルを感じさせる
4. 紧张	jǐnzhāng	（形）	nervous	긴장해 있다. 불안하다.	緊張する
5. 亲眼	qīnyǎn	（副）	with one's own eyes	직접 자신의 눈으로 (보다).	自分の目で
6. 功夫	gōngfu	（名）	kungfu	쿵푸.	カンフー
7. 吃苦	chī kǔ		bear hardships	고생하다.	苦労する

专　名

上海马戏团　Shànghǎi Mǎxìtuán　Shanghai Circus　상해서커스.　上海サーカス

课文二　Text

我也想去学杂技

（过了几天，芳子请哈利去上海马戏团看杂技……）

芳　子：哈利，你以前看过杂技表演吗？

哈　利：我以前在电视上看过，不过从来没在现场看过。你呢？

芳　子：我这也是第一次在现场看杂技表演，实在太惊险了！

哈　利：是啊，他们真了不起！这么难的动作他们是怎么做出来的？

芳　子：谁知道啊，啊……我紧张得都不敢睁开眼睛看了。

哈　利：我以前在电视上看杂技时都不敢相信这是真的。这回亲眼见到，不得不信了。

芳　子：对啊，他们演的都是真功夫。这些杂技演员可真有两下子！

哈　利：听说他们每天都要训练很长时间，非常辛苦。

芳　子：怪不得他们表演得这么好呢！

哈　利：芳子，我突然有一个想法，我也想去学杂技，你看怎么样？

芳　子：你的想法好是好，可是杂技学起来很难。你非要学，就要做好吃苦的准备。

哈　利：没问题。

芳　子：你看演杂技的常常要在空中飞来飞去，所以你必须很瘦很轻。从今天起，像烤鸭、巧克力什么的你都不能吃了。

哈　利：那怎么行？算了，我看我还是不学了。

第十三课　电影与杂技

练习　Exercises

一、朗读下面的句子，请注意语音、语调　Read the sentences aloud and pay attention to the tone

1. 名字叫——叫什么来着？
2. 你说的是《花样年华》吧？好像是香港著名女演员演的，我们就看这部吧！
3. 哦，原来是这样！
4. 要是我也有一件旗袍该多好啊！
5. 他们真了不起！这么难的动作他们是怎么做出来的？
6. 怪不得他们表演得这么好呢！

二、替换练习　Substitution drill

1. 名字叫——叫什么来着？

　　你刚才说什么
　　那个汉字怎么写
　　对不起，点什么菜

2. 对话我都听懂了，可还是看不懂。

　　这道题我想了好半天了　　做不出来
　　这部电影我看了三遍了　　看不明白
　　他已经看过医生了　　　　没有用

3. 要是我也有一件旗袍该多好啊！

　　我是老师
　　他会说汉语
　　我是明星

4. 我对电影里的服装 特别感兴趣。

他	各种各样的汽车	很
我	电视里的对话	非常
我的韩国朋友	中国菜	十分

5. 这回亲眼见到,不得不信了。

昨天我亲耳听到	相信这是真的
我把她的MP5弄丢了	帮她买一个新的
我要去另一个城市上大学	离开家

6. 你看演杂技的常常要在空中飞来飞去。

他一直在屋子里	走	走
你看几条小鱼在河里	游	游
那个小男孩在公园里	跑	跑

三、根据所给词语完成对话 Accomplish the dialogue according to the given words

1. A：你觉得中国旗袍怎么样?
   B：_____。(特色)

2. A：我们什么时候再一起看电影呢?
   B：_____。(回头)

3. A：我让你听的那首歌你听过了吗?
   B：_____。(动+成)

4. A：丽莎这次又考了全班第一名。
   B：_____。(了不起)

第十三课　电影与杂技

5. A：我这几天忙着复习，有三个晚上没睡觉了。
   B：＿＿＿＿＿＿＿＿＿＿＿＿。（非……不可）

6. A：你来尝尝我做的中国菜，好吃吗？
   B：＿＿＿＿＿＿＿＿＿＿＿＿。（真有两下子）

四、按照下面的提示复述课文　Recite the text according to the prompt

课文一

哈利想请芳子＿＿＿＿＿＿。芳子听说＿＿＿＿＿＿，特别＿＿＿＿＿，哈利决定请芳子＿＿＿＿＿＿。看完电影后，芳子说＿＿＿＿＿＿。哈利虽然＿＿＿＿＿，可还是＿＿＿＿＿。不过他们都觉得电影里的服装＿＿＿＿＿＿。芳子对＿＿＿＿＿感兴趣，她也想＿＿＿＿＿＿。为了感谢哈利，芳子请哈利＿＿＿＿＿＿。哈利说他和李阳＿＿＿＿＿＿，如果李阳知道了＿＿＿＿＿＿。

课文二

过了几天，芳子请哈利去＿＿＿＿＿＿。哈利说他以前＿＿＿＿＿＿，不过从来没＿＿＿＿＿＿，芳子说她也是＿＿＿＿＿＿。芳子觉得杂技表演＿＿＿＿＿，她紧张得＿＿＿＿＿＿。哈利说他以前在电视上看杂技时＿＿＿＿＿＿，不过现在＿＿＿＿＿。芳子觉得杂技演员＿＿＿＿＿。哈利也想＿＿＿＿＿，不过芳子告诉他＿＿＿＿＿＿，哈里觉得没问题。芳子说演杂技的必须＿＿＿＿＿，让他不要再＿＿＿＿＿＿。哈利说如果这样的话，他＿＿＿＿＿。

五、根据下面的情景作对话练习　Make a dialog according to the scene

1. 内容：周末的时候，一个朋友听说有一部新电影很好看，请另一个朋友一起去看。
   角色：两个朋友

2. 内容：为了庆祝结婚一周年，一对夫妻决定一起去听音乐会。
   角色：一对夫妻

练习1和2的参考词语:

> 我想请你…… 听说 ……来着 好像是……
> 你说的是……吧? ……可还是…… 对……感兴趣
> 原来是这样 不过我觉得…… 回头 非……不可
> 要是……该多好啊 ……就是了

3. 内容:哥哥带着弟弟一起去看魔术(móshù; magic)表演。
   角色:哥哥和弟弟

4. 内容:周末的时候,妻子在家里为丈夫做饭,丈夫夸奖(kuājiǎng, compliment)妻子。
   角色:一对夫妻

练习3和4的参考词语:

> 以前……,不过从来没…… 我这也是第一次……
> 实在太……了 了不起 不得不…… ……真有两下子
> 怪不得…… ……好是好,可是…… 非……
> V来V去 像……什么的 算了 谁知道啊

六、请你说说　Have a talk

1. 请介绍一下你最喜欢的一部电影。
2. 你喜欢看谁演的电影?请跟我们介绍一下你喜欢的几位演员(中国的或者你们国家的)。
3. 你看过杂技或魔术表演吗?喜欢吗?请跟我们说说你看表演的经过。
4. 如果你和朋友这次考试都考得很好,你们想一起庆祝一下,你们会去做什么?说说你们的计划。

第十四课

购 物

热身 Warm up

1. 你平时喜欢逛街吗？逛街时会买东西吗？常常买些什么？
2. 你每个月花钱多吗？你的钱一般都用来做什么？
3. 买东西的时候，你是想买什么就买什么，还是看价钱再决定？

生词一 New words

1. 款式	kuǎnshì	（名）	style	스타일.	デザイン
2. 改良	gǎiliáng	（动）	improve	개량하다.	改良する
3. 大方	dàfang	（形）	in good taste	세련되다.	あかぬけている
4. 料子	liàozi	（名）	material for making clothes	옷감.	生地
5. 裁缝	cáifeng	（名）	tailor	재봉사.	仕立て屋
6. 定做	dìngzuò	（动）	have sth. made to order	주문 제작하다.	注文する
7. 尺寸	chǐcùn	（名）	size	치수. 사이즈.	サイズ
8. 修改	xiūgǎi	（动）	revise	수선하다.	直す

107

课文一 Text

我要买这样的旗袍

（芳子和丽莎去服装店买旗袍……）

芳　子：你好，我们想买旗袍。你们店里都有什么样的旗袍？

店　员：我们这里各种各样的旗袍都有。请问你们想要什么款式的？比较传统的还是现代改良的？

芳　子：我们想要款式大方点儿的。

店　员：我们店里的旗袍款式都很大方，料子也不错，你们自己看吧！

（丽莎拿出《花样年华》的剧照给店员看）

丽　莎：我们想买照片里的这种旗袍，你们店里有吗？

店　员：对不起，这种款式的旗袍我们店里没有，我建议你们去裁缝店定做。我知道一家做旗袍的老店，那儿有一个老师傅做旗袍做得很好。

丽　莎：那儿有人给我们量尺寸吗？

店　员：有，不仅可以量尺寸，你不满意的话还能帮你修改呢！

丽　莎：是吗？太好了！这样再好不过了！能告诉我们地址吗？

店　员：当然可以，我帮你们写下来吧！

丽　莎：谢谢你，给你添麻烦了！你知道几天能做好一件旗袍吗？

店　员：一般十天左右应该就可以拿了。

丽　莎：好的，芳子，我们现在就去吧！

第十四课　购物

生词二　New words

1. 大手大脚	dàshǒudàjiǎo		wasteful	돈을 물 쓰듯 하다.	金遣いが荒い
2. 精打细算	jīngdǎxìsuàn		careful calculation and strict budgeting	면밀하게 계획하다	細かいそろばんをはじく
3. 开销	kāixiāo	（名）	expense	지출	支払い、費用
4. 开支	kāizhī	（名）	expenditure	지출.씀씀이.	支出
5. 促销	cùxiāo	（动）	promote sales	판촉하다.	バーゲンセール
6. 后悔	hòuhuǐ	（动）	regret	후회하다.	後悔する
7. 浪费	làngfèi	（动）	waste	낭비하다.	無駄遣いする
8. 存	cún	（动）	deposite	저축하다.	貯金する

课文二　Text

应该大手大脚还是精打细算

（芳子和丽莎去旗袍店拿定做的旗袍……）

芳　子：你好，我们来取上星期在这里定做的两件旗袍。请问做好了吗？

店　员：已经做好了，你们试试吧。试衣间在那儿。

（试了以后）

丽　莎：对不起，这里有点儿小，能帮我改一下吗？

店　员：好。这是小问题。请你们等一会儿，马上就好。
　　　　（丽莎和芳子聊了起来……）
丽　莎：芳子，我发现我的开销越来越大了，你呢？
芳　子：我也是啊，这个月的开支就很大，而且一大部分花在购物上了。
丽　莎：可不是嘛，我前几天逛街，买了一大堆促销品。可一买回来我就后悔了。
芳　子：我也是一不高兴就想买东西，买回来的很多东西都没什么用，只能放在家里。
丽　莎：我们这样挺浪费的，即使有钱也不能乱花啊！你说是吧？
芳　子：谁说不是呢？以后我们应该能省就省，要不就存不了钱了。
丽　莎：人生不长，我们应该大手大脚还是精打细算呢？要是我有很多钱就好了！
芳　子：别想了，丽莎，店员已经把你的旗袍拿出来了，快过去看看吧！

第十四课　购物

练习　Exercises

一、朗读下面的句子，请注意语音、语调　Read the sentences aloud and pay attention to the tone

1. 请问你们想要什么款式的？
2. 不仅可以量尺寸，你不满意的话还能帮你修改呢！
3. 是吗？太好了！这样再好不过了！
4. 你知道几天能做好一件旗袍吗？
5. 我发现我的开销越来越大了，你呢？
6. 谁说不是呢？以后我们应该能省就省，要不就存不了钱了。

二、替换练习　Substitution drill

1. 这样<u>再</u>好<u>不过</u>了！

你穿这件衣服	合适
她这样打扮	漂亮
那儿的交通	方便

2. <u>不仅</u>可以量尺寸，你不满意的话<u>还</u>能帮你修改呢！

学到了汉语	最重要的是	了解了中国的文化
吃了中国菜	吃完饭后	喝了中国茶
可以练习口语	同时	可以练习听力

3. <u>即使</u>有钱<u>也</u>不能乱花啊！

下雨	要去公园玩儿
没时间	要吃饭
不睡觉	要把作业做完

4. 谁说不是呢？<u>以后我们应该能省就省</u>。

> 我以后要努力学习了
> 我们以后不能再随便花钱了
> 你以后应该多注意身体啊

5. <u>我们应该能省就省</u>。

你	来	来
你们	去	去
这个会议你们	参加	参加

6. <u>以后我们应该能省就省</u>，<u>要不就存不了钱了</u>。

你快吃饭吧	饭都凉了
希望明天不要下雨	我们就没法去爬山了
从现在起我要好好儿学习	就考不上好大学了

三、根据所给词语完成对话　Accomplish the dialogue according to the given words

1. A：你们店里都有什么样的鞋子？
   B：_____。（各种各样）

2. A：你会说汉语吗？
   B：_____。（不仅……还……）

3. A：我穿这件衣服怎么样？
   B：_____。（再……不过了）

4. A：我发现他的汉语说得越来越好了。
   B：_____。（可不是嘛）

5. A：我觉得老师刚才说得很有道理。
   B：_____。（谁说不是呢）

6. A：这件衣服太贵了，我买不起。
   B：_____。（要是……就好了）

四、按照下面的提示复述课文　Recite the text according to the prompt

课文一

芳子和丽莎去_____。店员问她们_____，她们说想要_____。店员说他们店里的旗袍_____。丽莎问店员_____，店员说_____，不过店员建议他们_____，她知道有一家老店_____。丽莎问店员那里_____，店员说_____。丽莎很高兴，她让店员帮她_____。她还问店员_____，店员告诉她_____。丽莎和芳子_____。

课文二

芳子和丽莎去旗袍店_____，店员让她们_____。试了衣服以后，丽莎发现_____，她想让店员_____，店员让她们_____。她们开始聊天。丽莎说她的_____，芳子也觉得_____。丽莎说她前几天逛街_____，芳子说她也是_____。丽莎说她们这样_____，芳子也觉得她们以后应该_____。丽莎问芳子，人生不长，她们_____。

五、根据下面的情景作对话练习　Make a dialog according to the scene

1. 内容：一个朋友想买衣服，另一个朋友陪她一起去。
   角色：两个朋友

2. 内容：快到结婚纪念日了，丈夫打算送妻子一枚戒指（jièzhǐ; ring），丈夫去商店买戒指。

角色：丈夫和店员

练习1和2的参考词语：

> 各种各样　　款式　　大方　　请问你想要……？
> 我想买……　　我建议你……　　不仅……还……
> 尺寸　　……的话　　再……不过了

3. 内容：两个朋友在一个月里都花了很多钱，他们讨论一个月的开支问题。
   角色：两个朋友

4. 内容：孩子花钱大手大脚的，妈妈告诉他/她要学会省钱。
   角色：妈妈和孩子

练习3和4的参考词语如下：

> 开销　越来越……了　开支　而且……　花在……上
> 可不是嘛！　　一……就……　　挺……的
> 即使……也……　谁说不是呢？　能……就……，要不……
> 大手大脚　精打细算　要是……就好了

六、请你说说　Have a talk

1. 你喜欢什么款式的衣服？你最喜欢你哪一件衣服？请给大家介绍一下。
   （款式、颜色等）

2. 你喜欢逛街吗？你逛街的时候有没有遇到过有意思的事？跟大家说说。

3. 你觉得买东西时应该大手大脚还是精打细算？为什么？

4. 你觉得应该怎样做才能减少每个月的开支？说说你的计划。

第十五课

"农家乐"活动

热身 Warm up

1. 饺子是中国的传统食物,你会包饺子吗?能说说怎么包饺子吗?
2. 你们国家的传统食物是什么?你知道怎么做吗?
3. 你打电话叫过外卖(wàimài; outside sells)吗?你有没有比较好的饭店的外卖电话?跟大家说说。

生词一 New words

1. 亲手	qīnshǒu	(副)	with one's own hands	직접. 손수.	自分の手で、手作り
2. 面团	miàntuán	(名)	dough	밀반죽 덩어리.	練り粉
3. 面饼	miànbǐng	(名)	flat dough	밀반죽하여 구운, 원반처럼 생긴 빵.	餃子の皮
4. 捏	niē	(动)	pinch	(손으로)빚다.	指でつまんで作る
5. 夸奖	kuājiǎng	(动)	compliment	칭찬하다.	ほめる
6. 接着	jiēzhe	(动)	go on (with)	이어서.	続いて
7. 烧	shāo	(动)	heat; boil	끓이다.	(湯を)沸かす

8. 锅	guō	（名）pot; pan	냄비.	なべ
9. 煮	zhǔ	（动）cook	삶다.	ゆでる
10. 浮	fú	（动）float	뜨다.	浮く

专 名

| 农家乐 | Nóngjiālè | farmhouse tourism | 농가락.(농촌체험 관광) | ファームトリップ |

课文一　Text

你能教我包饺子吗？

（金大永参加了旅行社组织的"农家乐"活动，他到一个中国农民家里做客……）

金大永：这次"农家乐"活动来您这儿，麻烦您了。

女主人：不客气，快请进吧。今天我们家吃饺子。你喜欢吗？

金大永：我可喜欢吃饺子了。你能教我包饺子吗？

女主人：没问题，包饺子要用的面和肉我都准备好了。

金大永：我以前只吃过饺子，从来没亲手包过，包饺子难吗？

女主人：一点儿也不难。你看，先把面团做成一个个小面饼。

金大永：是这样吗？

女主人：你做的有点儿小，像我做的这么大就好了。……对，就这样，再把它做成皮。这就是饺子皮了。

第十五课 "农家乐"活动

金大永：饺子皮是这么来的啊。

女主人：对，然后把肉放在饺子皮里捏在一起就可以了。

金大永：您看我这个饺子包得怎么样？

女主人：很好。你真聪明，一学就会。

金大永：谢谢您的夸奖。接着做什么？

女主人：接着就是烧水。等水开了，把饺子放在锅里煮。

金大永：要煮多长时间？

女主人：煮到饺子都浮在水面上，再往锅里加三次凉水，就可以吃了。

生词二　New words

1. 估计	gūjì	（动）	estimate	추측하다.	推定する
2. 外卖	wàimài	（名）	outside sells	포장 판매하는 식품.	出前
3. 项	xiàng	（量）	measure word	류. 종류.	(量词)サービスの種類などな数える
4. 炖	dùn	（动）	stew	(고기 등을)푹 삶다.	煮込む
5. 蘑菇	mógu	（名）	mushroom	버섯.	キノコ
6. 稍等	shāo děng		wait a moment	잠깐 기다리다.	しばらくお待ちください

专 名

1. 东北　　　　　Dōngběi　　　　　　Northeast　중국의 동북지방.　　東北地方
2. 东北大拉皮　　Dōngběi dàlāpí　　　food name　동북지방 잡채　　　東北绿豆板春雨
3. 小鸡炖蘑菇　　Xiǎojī dùn mógu　　food name　닭버섯조림　　　　鶏肉ときのこの煮込み

课文二　Text

送餐上门

（金大永把包好的饺子放在锅里煮……）

金大永：阿姨，您快看，这些饺子皮怎么都开了？像在游泳一样。

女主人：估计是没把饺子皮捏住，这样一来我们只好喝饺子汤了。哈哈！

金大永：啊？肯定是我的错。不好意思，这饺子不能吃了。我看不如叫外卖吧。这附近有没有饭店提供送餐服务？

女主人：我知道有一家饭店有这项服务。不过是东北菜，不知道你喜欢不喜欢？

金大永：我在东北住过，特别喜欢吃东北菜，吃起来就没完。我现在就打电话！

（女主人把饭店的电话号码给了金大永……）

金大永：喂，你好。请问你们饭店能送餐吗？

第十五课 "农家乐"活动

服务员：可以。请问您想要点什么菜？

金大永：我要一个东北大拉皮，一个小鸡炖蘑菇，再来两斤饺子。大概多长时间能送来？

服务员：我们现在有点儿忙，半个小时可以吗？

金大永：可以。我把地址告诉你，东方路203号，我姓金。

服务员：好的，金先生，请您稍等，一会儿我们就送过去。

练习 Exercises

一、朗读下面的句子，请注意语音、语调 Read the sentences aloud and pay attention to the tone

1. 我可喜欢吃饺子了。你能教我包饺子吗？
2. 我以前只吃过饺子，从来没亲手包过，包饺子难吗？
3. 饺子皮是这么来的啊。
4. 您看我这个饺子包得怎么样？
5. 这附近有没有饭店提供送餐服务？
6. 大概多长时间能送来？

二、替换练习 Substitution drill

1. 包饺子一点儿也不难。

唱京剧	容易
我	高兴
她长得	漂亮

2. 像我做的这么大就好了。

```
我           做就对了
她           会做饭就好了
她画得        好看就好了
```

3. 估计是没把饺子皮捏住。

```
饿了
要下雨了
衣服穿得太少了
```

4. 这些饺子皮怎么都开了？像在游泳一样。

```
你怎么走得这么慢？        蜗牛（wōniú; snail）
看你的眼睛都睁不开了，    没睡醒
他跑得很快，              在飞
```

5. 这样一来我们只好喝饺子汤了。

```
我只好不去了
他们不得不吃日本菜了
你只能回国了
```

6. 吃起来就没完。

```
看
唱
跳
```

第十五课 "农家乐"活动

三、根据所给词语完成对话 Accomplish the dialog according to the given words

1. A：你觉得汉语难学吗？
   B：_____。（一点儿也不……）

2. A：饺子应该怎么包？
   B：_____。（先……再……然后……接着……）

3. A：哈利怎么到现在还不来上课？
   B：_____。（估计是……）

4. A：外面下雨了，我不想出去吃饭了。
   B：_____。（我看不如……）

5. A：我们去 KTV 唱歌吧，你喜欢唱歌吗？
   B：_____。（动 + 起来就没完）

6. A：阿姨，你的孩子听话吗？
   B：_____。（像……这么……）

四、按照下面的提示复述课文 Recite the text according to the prompt

课文一

金大永参加了_____，他到一个中国农民家里_____。女主人说_____，问他_____。金大永说他_____，还想请女主人_____。女主人说她已经_____。金大永说他以前_____，不过_____，他还问女主人_____。女主人说_____。女主人教他先_____，再_____，然后_____，接着_____，煮到_____就可以吃了。

课文二

金大永_____，所以饺子皮都_____。女主人说他们只好_____。金大永觉得_____，所以想_____，他问女主人附近_____。女主人说_____，还问金大永_____。金大永说_____。金大永给饭店打电话，服务员问他_____，金大永点了_____。他还问服务员_____，服务员说_____，让他_____。金大永把_____。

五、根据下面的情景作对话练习　Make a dialog according to the scene

1. 内容：一个中国人请一个外国朋友到家里做客，并教他/她做中国菜。
   角色：两个朋友

2. 内容：两个外国朋友跟一个中国朋友学习包饺子，他们比赛，看谁包得好。
   角色：一个中国朋友和两个外国朋友

练习1和2的参考词语：

> 麻烦您了　我可喜欢……了　你能教我……吗？　亲手
> 以前……，从来没……　一点儿也不……　没问题
> 先……再……然后……接着……　像……这么……
> 您看……怎么样？　你真是太……了
> 把 +N+V+ 成 / 在 +……

3. 内容：外面下雨了，哈利不想出去吃饭，打电话叫外卖。
   角色：哈利和服务员

4. 内容：丽莎想在网上为芳子订购生日礼物，跟李阳商量买什么。
   角色：丽莎和李阳

第十五课 "农家乐"活动

练习 3 和 4 的参考词语：

> 像……一样   估计是……   这样一来……   只好……
> 我看不如……   有没有……提供……?   再来……
> 不知道你……不……?   特别   ……起来就没完
> 请问你想要……?   我点……   您等……可以吗?   稍等

六、请你说说　Have a talk

1. 你会做什么菜？你最喜欢做的菜是什么？请跟大家介绍一下你做菜的经过。

2. 你们国家有什么传统菜？你知道怎么做吗？做的时候需要什么材料（cáiliào; material）？

4. 你在网上买过东西吗？都买过什么？你觉得在网上买东西有什么好处？请跟大家说说你的想法。

第十六课

城市交通

热身 Warm up

1. 你遇到过堵车吗？堵车的时候你做些什么？
2. 你在中国哪些城市住过？你觉得这些城市的交通怎么样？跟你们国家比较呢？
3. 你对解决城市交通问题有什么好建议？

生词一 New words

1. 家常便饭	jiācháng biànfàn		potluck	다반사. 흔히 있는 일.	家庭料理
2. 近郊	jìnjiāo	（名）	suburbs	근교.	近郊
3. 高速公路	gāosù gōnglù		express highway	고속 도로.	高速道路
4. 倒霉	dǎo méi	（形）	have bad luck	재수 없다.	運が悪い
5. 堵车	dǔ chē		traffic jam	교통이 꽉 막히다.	渋滞する
6. 足足	zúzú	（副）	fully	꼬박.	十分に達している
7. 生意	shēngyi	（名）	business	장사.	ビジネス

第十六课　城市交通

8. 惨	cǎn	（形）	miserable; pitiful	비참하다.	悲惨である
9. 增长	zēngzhǎng	（动）	increase	늘어나다.	増大する
10. 导致	dǎozhì	（动）	lead to	(어떤 사태를) 야기하다.	引き起こす
11. 状况	zhuàngkuàng	（名）	stiuation	상황.	状況
12. 遵守	zūnshǒu	（动）	obey	순수하다.	守る
13. 规则	guīzé	（名）	rule; regulation	규칙.	ルール

课文一　Text

堵在路上是家常便饭

（李阳开车带丽莎去上海近郊周庄玩儿，结果在高速公路上堵车了。他们开始聊天儿……）

丽　莎：真倒霉，又遇上堵车了。

李　阳：别着急，堵在路上是常有的事，早就成家常便饭了。

丽　莎：常见是常见，但还是让人心情不好。有一次我和一个朋友开车出去玩儿，结果路上车太多，本来一个小时就可以到，可我们足足开了两个小时。

李　阳：两个小时还多啊！前两天还听一个朋友说，有一次，他在路上被堵了四个小时，最后卖面包的都来做生意了。

丽　莎：真的吗？不过那次我们比你朋友还惨，我刚才还没说完呢！

李　阳：好，你接着说。

丽　莎：刚才不是说到开了两个小时才到我们要去的地方吗？刚到那儿，我们就发现已经没车位了，又不能乱停车，最后只好又花了几个小时回家。

李　阳：这样还不如不去呢！

丽　莎：就是啊，早知道是这样，我们就不开车去了。李阳，你觉得为什么会堵车堵得这么厉害？

李　阳：我觉得最近车的数量增长得太快了，才会导致现在这样的状况。

丽　莎：嗯，不过我认为还有一个重要原因，那就是有些人太不遵守交通规则了。

生词二　New words

1.	现象	xiànxiàng	（名）	phenomenon	현상.	現象
2.	严重	yánzhòng	（形）	serious	심각하다.	ひどい
3.	保护	bǎohù	（动）	protect	보호하다.	保護する、守る
4.	眼光	yǎnguāng	（名）	sight	관점.	視線で
5.	错开	cuòkāi	（动）	stagger	겹치지 않게 하다.	（時間などを）ずらす
6.	避免	bìmiǎn	（动）	avoid	피하다.	避ける
7.	出行	chūxíng	（动）	set out	움직이기 시작하다.	（多くの人が）一緒に行動する
8.	鼓励	gǔlì	（动）	encourage	권장하다.	励ます
9.	市长	shìzhǎng	（名）	mayor	시장.	市長

第十六课 城市交通

课文二 Text

多坐地铁少开车

（李阳和丽莎还堵在路上……）

李　阳：丽莎，反正现在还开不了车，咱们聊会儿天吧。你的家乡是不是也动不动就堵车？

丽　莎：我的家乡也有很多人，很多车，不过堵车现象好像没这么严重。

李　阳：真奇怪，人多车也多，应该会堵车才是啊。你家乡怎么不堵车呢？

丽　莎：因为很多人认为开车不如坐地铁方便，而且坐地铁还可以保护环境。

李　阳：原来是这样。那你以一个外国人的眼光来看，觉得应该怎么做才能解决我们上海的交通问题？

丽　莎：我觉得一方面，各个公司可以错开上班时间，有的八点上班有的九点上班，这样可以避免人们同时出行。

李　阳：这个主意不错，你说得很有道理。还有另一方面呢？

丽　莎：另一方面，我建议多开几班地铁，还可以多一些地铁线路，鼓励大家多坐地铁少开车。

李　阳：是啊，要是能这样，交通情况一定会好很多。我建议你写信跟我们市长说说。

丽　莎：别开玩笑了。你看，前面的车动了，好像不堵了。

李　阳：太好了，我们赶快走吧。

 练习 Exercises

一、朗读下面的句子，请注意语音、语调　Read the sentences aloud and pay attention to the tone

1. 本来一个小时就可以到，可我们足足开了两个小时。
2. 两个小时还多啊！
3. 刚才不是说到开了两个小时才到我们要去的地方吗？
4. 这样还不如不去呢！
5. 丽莎，反正现在还开不了车，咱们聊会儿天儿吧。你的家乡是不是也动不动就堵车？
6. 这个主意不错，你说得很有道理。还有另一方面呢？

二、替换练习　Substitution drill

1. 堵在路上是常有的事，早就成家常便饭了。

他	明白
我的男朋友	跟我说
这件事她	应该让你知道

2. 我们足足开了两个小时。

哈利	看了五个小时的电视
我	等了你三个小时
路上	堵了四个小时

第十六课　城市交通

3. <u>两个小时</u>还<u>多</u>啊！

三个孩子	少
九十斤	重
半个小时	短

4. 早知道<u>是</u>这样，<u>我们</u>就<u>不开车去了</u>。

会下雨	我们	带雨伞了
他不来	我	不去
你不想吃饭	我	不买这么多吃的了

5. 反正<u>现在还开不了车</u>。

还没有到时间

他还没有来

我们还没有买车票

6. 你的家乡是不是也<u>动不动就堵车</u>？

她	哭
你妈妈	为这件事难过
她是不是	生气

三、根据所给词语完成对话　Accomplish the dialogue according to the given words

1. A：这件事你跟他说过了吗？

　　B：＿＿＿＿＿＿＿＿＿＿＿。（早就……）

2. A：我们坐火车来这儿没花多少时间，只坐了六个小时。

　　B：＿＿＿＿＿＿＿＿＿＿＿＿＿。（还……啊）

3. A：昨天的晚会你去了吗？玩儿得开心吗？

   B：_____。（刚……就……）

4. A：你的胃好点儿了吗？能吃东西了吧？

   B：_____。（V+不了）

5. A：你为什么学汉语呢？

   B：_____。（一方面……，另一方面……）

6. A：你不是有车吗？怎么不开车去上班？

   B：_____。（避免……）

四、按照下面的提示复述课文　Recite the text according to the prompt

课文一

1. 丽莎和李阳遇上了什么？他们觉得这是……
2. 丽莎跟李阳说了她和朋友开车出去玩儿的经历……
3. 李阳也告诉丽莎他朋友的经历……
4. 丽莎告诉李阳堵车厉害（lìhài; severe）的原因是……

课文二

1. 丽莎的家乡车……，不过堵车……，是因为……
2. 李阳让丽莎以一个外国人的眼光来看，上海怎么做才能……
3. 丽莎觉得上海应该一方面……，另一方面……
4. 李阳觉得丽莎说得……，他建议丽莎……

五、根据下面的情景作对话练习　Make a dialog according to the scene

1. 内容：两个朋友去酒吧参加晚会的路上遇到了堵车。他们聊起天来。

   角色：两个朋友

2. 内容：学生上课迟到了，他向老师解释迟到的原因（路上有交通事故，堵车了）。

第十六课　城市交通

角色：学生和老师

练习 1 和 2 的参考词语：

真倒霉　又遇上……　早就成……了　本来……可……
足足……　可不是嘛　……还……　连……都……
比……还……　不是……吗？　刚……就……
这样还不如……　早知道……就……　接着+V　认为
还有……那就是……

3. 内容：两个外国朋友谈论上海的交通问题。
   角色：两个外国朋友

4. 内容：一个老师和两个学生谈论解决交通问题的办法。
   角色：一个老师和两个学生

练习 3 和 4 的参考词语：

动不动就……　反正……　……不了　好像没这么……
应该会……才是啊　怎么不……呢？　错开　避免……
……不如……方便　以……的眼光　鼓励……
一方面……另一方面……　好像……　赶快……

六、请你说说　Have a talk

1. 你的家乡经常堵车吗？严重吗？请跟大家说说你家乡的交通情况。
2. 如果你是你所住城市的市长，请跟市民说一段话，谈谈你对这个城市的交通问题的看法。
3. 如果你打算在中国长住，你想买车、打的还是租车呢？为什么？说说你的打算。
4. 你觉得怎样才能解决大城市的交通问题？

第十七课

租房问题

热身 Warm up

1. 你现在住在哪里？在学校里边还是学校外边？
2. 说说在校内住和校外住各有什么好处？
3. 如果你要租房子，希望是什么样的？（房费、地点、设施、环境等等）

生词一 New words

1. 租	zū	（动）	rent	세. 임대료.	貸し借りをする
2. 中介	zhōngjiè	（名）	medium	매개.	不動産屋
3. 要求	yāoqiú	（名、动）	requirements	요구.	要求、希望
4. 明亮	míngliàng	（形）	bright	밝다.	明るい
5. 厨房	chúfáng	（名）	kitchen	주방.	台所
6. 容	róng	（动）	hold	받아들이다. 담다.	収容する
7. 卧室	wòshì	（名）	bedroom	침실.	寝室

第十七课 租房问题

8. 齐全　　qíquá　　（形）　complete　완비하다.　　何でもある、そろえている

专 名

上海师范大学　　Shànghǎi Shīfàn Dàxué　　Shanghai Normal University
　　　　　　　　상해사범대학교.　　　　　　上海師範大學

课文一　　Text

小区环境也要漂亮

（黄佳佳决定从下个月开始在校外租房子，她去了一家中介公司……）

黄 佳 佳：你好，我想租房子，两室一厅，离我学校近点儿的，走路只要七八分钟就行了。

工作人员：您是哪个学校的？

黄 佳 佳：上海师范大学的。

工作人员：没问题，我们在这个学校附近有很多房子。您还有什么要求？

黄 佳 佳：我希望能有一个干净、明亮的厨房，我是为学做中国菜才在外边租房子的。

工作人员：我们这儿的房子都有厨房，而且设施非常好。

黄 佳 佳：那就好。还有客厅要大，最好容得下十几个人。我希望能在客厅里开晚会，我喜欢家里热热闹闹的。

工作人员：这个也没问题。您对卧室有什么要求？

黄佳佳：卧室要能晒到太阳，家具也要齐全，电视、冰箱什么的都要有。

工作人员：好的。您这些要求我都记下来了，有合适的房子我会通知您的。

黄佳佳：刚才忘了告诉你，对于我来说，小区的环境非常重要。如果能在阳台上看到美丽的小区就更好了！

工作人员：好的，您放心，我们一定让您租到满意的房子。

第十七课　租房问题

生词二　New words

1. 麻将	májiàng	（名）	mah-jong	마작.	マージャン
2. 天花板	tiānhuābǎn	（名）	ceiling	천장.	天井
3. 咚咚	dōngdōng	（拟声）	rub-a-dub	쿵쿵.	トントン
4. 照样	zhàoyàng	（副）	still	여전히.	相変わらず
5. 窜	cuàn	（动）	run about	마구 뛰어다니다.	走り回る
6. 吓一跳	xià yí tiào		frightened; shocked	놀라게 하다.	びっくりする
7. 物业	wùyè	（名）	property	관리실.	プロパライ、管理人
8. 反映	fǎnyìng	（动）	report; reflect	(상황이나 의견등을)전달하다.	報告する、伝達する
9. 惹	rě	（动）	offend; cause	상대방의 기분 일 건디다.	気分を害する

课文二　Text

我要换个地方住

（黄佳佳租房租了一个星期以后，她又来到中介公司……）

工作人员：您好，您已经住了一个星期了吧？感觉怎么样？住得还习惯吧？

黄佳佳：别提了！我这次来就是想跟你说说房子的事。

工作人员：怎么了？您的房子有什么问题吗？

黄佳佳：房子倒是没什么问题，不过我还是想换个地方住。

工作人员：住得好好儿的，为什么要换？

黄佳佳：我的邻居经常玩儿麻将玩儿得很晚，声音还特别大。楼上的邻居又常常在家跳舞，天花板老是咚咚的，真担心哪天它会掉下来。

工作人员：太不像话了。

黄佳佳：我跟他们说了，可他们还是照样玩儿麻将，照样跳舞。

工作人员：那您肯定不能好好儿休息了。

黄佳佳：可不是，这一星期我都没怎么好好儿睡过。

工作人员：那您对小区环境还满意吧？

黄佳佳：也不好。小区里好像家家户户都养狗，出去散步时常常被窜出来的狗吓一跳。

工作人员：您跟小区物业反映了吗？

黄佳佳：反映也没有用。我看我还是搬走算了，惹不起总躲得起吧。

第十七课 租房问题

练习 Exercises

一、朗读下面的句子，请注意语音、语调 Read the sentences aloud and pay attention to the tone

1. 您还有什么要求？
2. 我希望能在客厅里开晚会，我喜欢家里热热闹闹的。
3. 如果能在阳台上看到美丽的小区就更好了！
4. 您好，您已经住了一个星期了吧？感觉怎么样？住得还习惯吧？
5. 别提了！我这次来就是想跟你说说房子的事。
6. 太不像话了。您没跟他们说吗？

二、替换练习 Substitution drill

1. 走路只要七八分钟就行了。

坐车	半个小时
上课	好好儿听老师讲课
回国	坐两个小时飞机

2. 最好容得下十几个人。

放	几张桌子
摆 (bǎi; put, place)	四十把椅子
停	三百辆 (liàng; measure word) 汽车

3. 对于我来说，小区的环境非常重要。

你	学好汉语很重要
老人	全家人在一起是最高兴的事
我丈夫	做家务最辛苦

4. 真担心哪天它会掉下来。

> 我变老了
> 它不能用了
> 她会离开我

5. 他们还是照样玩儿麻将。

> 他　　　不跟我说话
> 她　　　活得好好儿的
> 我　　　不喜欢跑步

6. 这一星期 我都没怎么好好儿睡过。

> 这一个月　　我　　玩过
> 这两天　　　他　　休息过
> 这几天　　　你　　吃过饭

三、根据所给词语完成对话　Accomplish the dialogue according to the given words

1. A：你住得离学校远吗？
   B：_____。（只要……就行了）

2. A：那间房子有多大？
   B：_____。（容得下……）

3. A：你喜欢什么样的卧室？
   B：_____。（对于……来说）

4. A：我的邻居每天都在楼上跳舞，声音还特别大。
   B：_____。（太不像话了）

5. A：你怎么眼睛都睁不开了，没有休息好吗？

   B：＿＿＿＿＿＿＿＿＿＿。（没怎么好好儿……）

6. A：你没把你的想法告诉他吗？

   B：＿＿＿＿＿＿＿＿＿＿。（还是照样……）

四、按照下面的提示复述课文　Recite the text according to the prompt

课文一

1. 黄佳佳去了……，她想……
2. 黄佳佳对房子的要求是：离学校……，厨房……，客厅……，卧室……
3. 黄佳佳租房子是因为……。她希望在客厅里……
4. 她觉得……非常重要，希望能在阳台上看到……
5. 工作人员告诉黄佳佳有合适的房子会……，他们一定让她……

课文二

1. 黄佳佳在租的房子里住了……，她感觉……，所以又去了中介公司。
2. 房子……，可是……，所以她打算……
3. 黄佳佳跟她的邻居……，结果……
4. 黄佳佳对小区的环境也……，她跟物业……，但是……

五、根据下面的情景作对话练习　Make a dialog according to the scene

1. 内容：一个留学生去房屋中介公司租房子。

   角色：留学生和工作人员

2. 内容：一对准备结婚的恋人想买一套房子，房屋中介公司的工作人员带他们去小区看房子。

   角色：一对恋人和工作人员

练习1和2的参考词语：

> 只要……就行了　我希望能有……　为……才……
> ……得下　……什么的　对于……来说　而且
> 如果……就更好了　还有什么要求　一定让……满意

3. 内容：李阳刚租房，住了以后遇到一些问题，打电话向中介公司反映。
   角色：李阳和工作人员

4. 内容：在同一个小区里住的两个外国朋友聊起小区的环境。
   角色：两个外国朋友

练习3和4的参考词语：

> 您已经住了……吧？　我这次来就是想……
> ……倒是……，不过……　别提了！　惹不起总躲得起
> ……得好好儿的，为什么……？　真担心哪天……
> 太不像话了　还是照样……　没怎么好好儿……

六、请你说说　Have a talk

1. 你以前租过房子吗？租房子的时候有没有遇到什么难忘的事？请跟大家说说。
2. 你觉得住在学校里好还是在外面租房子好？为什么？
3. 你现在在哪里住？你喜欢你的房子吗？请跟大家介绍一下你的房子（设施、环境等）。
4. 如果你现在有一笔钱，想有一个家，你希望住在一个什么样的地方？有多少个房间？怎么布置？

第十八课

环境保护

1. 你所在的大学环境好吗？是不是有很多花草树木？
2. 你从哪个国家来？你们国家的环境怎么样？
3. 你所在的城市环境怎么样？你觉得应该怎样保护环境呢？

1. 顺利	shùnlì	（形）successful	순조롭다.	順調だ
2. 随地	suídì	（副）everywhere	아무 데나.	ところかまわずに
3. 吐痰	tǔ tán	spit	가래를 뱉다.	たんを吐く
4. 纸屑	zhǐxiè	（名）paper scraps	종이 조각.	紙ぐず
5. 清理	qīnglǐ	（动）clear	깨끗이 정리(처분)하다.	きれいにかたづける

6. 都市	dūshì	（名）metropolis	도시.		都市、都会
7. 形象	xíngxiàng	（名）image	이미지.		イメージ
8. 相称	xiāngchèn	（形）match	격에 맞다.		ふさわしい
9. 毕竟	bìjìng	（副）after all	결국.		なんといっても

专 名

1. 南京	Nánjīng		Nanjing	남경(중국 지명)	南京
2. 上海	Shànghǎi		Shanghai	상해(중국 지명)	上海

课文一 Text

保护环境应该从我做起

（芳子从南京旅游回来……）

唐老师：芳子，听丽莎说你前两天去南京旅游了，这次南京之行还顺利吧？

芳　子：一切都很顺利，我玩儿得很高兴。

唐老师：听说南京把火车站修了一下，感觉怎么样？

芳　子：别提多好了。火车站又干净又明亮，给我留下了很深的印象。

唐老师：那你觉得它和上海火车站相比，哪个更好些？

芳　子：相比之下，我觉得南京火车站更好。

第十八课　环境保护

唐老师：上海火车站也很大、很明亮啊，你为什么会觉得南京火车站更好呢？

芳　子：上海火车站大是大，可是又脏又乱。我常常看到有人随地吐痰，乱扔纸屑。

唐老师：你说得也对，火车站里的垃圾有时候清理也不是那么及时，才会让人感觉又脏又乱。

芳　子：就是，我觉得这些都和上海国际大都市的形象很不相称。

唐老师：上海火车站是应该好好儿清理一下，毕竟很多来旅游的先看到的是火车站。

芳　子：其实每一个人都应该注意保护环境。

唐老师：对，保护环境应该从我做起，人人有责。

生词二　New words

1.	免得	miǎnde	（连）	so as not to	…하지 않도록	しなくて済む
2.	厕所	cèsuǒ	（名）	toilet	화장실.	トイレ
3.	大便	dàbiàn	（名）	defecate	대변.	大便、くそ
4.	小便	xiǎobiàn	（名）	urinate	소변.	小便
5.	利于	lìyú	（动）	be of advantage to	…에 이롭다.	〜にとって有利だ
6.	踩	cǎi	（动）	step on	밟다.	踏む

7. 绿地	lǜdì	（名）	green land	녹지.		芝生
8. 糟糕	zāogāo	（形）	terrible; too bad	엉망이 되다. 망치다.		だめになる、ヤバい
9. 来不及	láibují	（动）	it is too late (to do sth.)	미처…(하지) 못하다.		間に合わない
10. 心平气和	xīnpíng qìhé		calm; heartsease	마음이 평온하고 태도가 온화하다.		心が穏やかで気持ちが落ち着いている
11. 身份	shēnfèn	（名）	identity	산분 자적.		資格、身分

课文二 Text

这样不利于保护环境

（口语课的时候，唐老师组织了一个名为"我们上海应该注意什么"的讨论……）

唐老师：同学们，你们觉得我们上海还应该注意什么？

黄佳佳：我觉得每个小区的花园里都应该给狗和猫准备厕所，免得它们随地大小便。

唐老师：黄佳佳，你的想法很有意思，你为什么这样说呢？

黄佳佳：我在小区里经常看到狗和猫随地大小便，这样不利于保护环境，而且路人不小心踩到也会影响心情。

唐老师：我也这么认为。丽莎，你有什么好想法？

第十八课　环境保护

丽　　莎：我觉得上海的绿地太少了，应该多种一些花草树木。

黄佳佳：我同意丽莎的想法。如果现在不多种树，将来上海的环境一定会越来越糟糕的，到时候后悔就来不及了。

唐老师：你们俩的想法都很好。芳子，你怎么一直不说话？

芳　　子：哦，我一直在想……

黄佳佳：你在想什么呀？

芳　　子：我觉得现在人们之间少了点儿心平气和，人们动不动就吵架。这样也和国际大都市的形象不相称。

唐老师：同学们都说得很好。我建议大家以外国人的身份给市长写封信，把你们的想法都告诉他。

练习　Exercises

一、朗读下面的句子，请注意语音、语调　Read the sentences aloud and pay attention to the tone

1. 听丽莎说你前两天去南京旅游了，这次南京之行还顺利吧？
2. 那你觉得它和上海火车站相比，哪个更好些？
3. 上海火车站大是大，可是又脏又乱。
4. 你为什么这样说呢？
5. 如果现在不多种树，将来上海的环境一定会越来越糟糕的，到时候后悔就来不及了。
6. 芳子，你怎么一直不说话？

二、替换练习　Substitution drill

1. <u>火车站</u>又<u>干净</u>又<u>明亮</u>。

这个苹果	大	甜
她穿得	漂亮	大方 (dàfang; generous)
这家店的东西	便宜	好看

2. 那你觉得它和<u>上海火车站</u>相比，<u>哪个更好些</u>？

中国菜	韩国菜	哪个更好吃
我	她	你更喜欢谁
今年	去年	哪年冬天更暖和些

3. <u>上海火车站</u> <u>大</u>是<u>大</u>，可是<u>又脏又乱</u>。

这件衣服的款式	好	好	太贵了
那间屋子	干净	干净	有点儿小
这个女孩	漂亮	漂亮	性格不太好

4. 上海火车站是应该好好儿清理一下，毕竟很多来旅游的先看到的是火车站。

你这次做不好没有关系	这是你第一次做嘛
我们还是陪他一起去吧	他只是个小孩子
你别再生他的气了	他也不是故意的

第十八课　环境保护

5. 每个小区的花园里都应该给狗和猫准备厕所，免得<u>它们随地大小便</u>。

> 你再跟他说一遍　　他忘了
> 还是早点儿回家吧　　你妈妈担心你
> 你晚上别吃得太多　　肚子不舒服（shūfu: be well, comfortable）

6. 到时候<u>后悔</u>就来不及了。

> 准备
> 伤心
> 再考虑

三、根据所给词语完成对话　Accomplish the dialog according to the given words

1. A：你去过北京吗？你觉得北京怎么样？
   B：_____。（给……留下了很深的印象）

2. A：你和他相比，谁的汉语说得更好？
   B：_____。（相比之下）

3. A：你看我穿这件衣服合适吗？
   B：_____。（……倒是……，可是……）

4. A：在街上，总能看到一些人随地扔垃圾。
   B：就是，_____。（和……不相称）

5. A：慢点儿，你怎么走得这么快？
   B：_____。（免得……）

6. A：我最近常常睡得很晚。
   B：_____。（不利于……）

四、按照下面的提示复述课文　Recite the text according to the prompt

课文一

1. 芳子前两天去……，她玩儿得……
2. 唐老师问芳子南京火车站怎么样，芳子说……
3. 她觉得和上海火车站相比，……更好，因为……，唐老师也有这样的感觉，他建议……
4. 芳子和唐老师认为每个人都应该……

课文二

1. 唐老师让同学们回答"我们上海应该注意什么"的时候，黄佳佳说……（每个小区……，免得……），她这样说是因为……（不利于……）
2. 丽莎有一个好想法，就是……。黄佳佳同意丽莎的想法，她说如果……，到时候……就……
3. 芳子一直不说话，她在想……
4. 唐老师建议大家……

五、根据下面的情景作对话练习　Make a dialogue according to the scene

1. 内容：丽莎从一个城市旅游回来，和芳子聊起那个城市的环境，并和上海比较。
   角色：丽莎和芳子

2. 内容：李阳和芳子一起去公园玩儿，他们聊起公园的环境。
   角色：李阳和芳子

练习1和2的参考词语：

> ……之行　顺利　别提多……了　又……又……
> ……给……留下很深的印象　和……相比　相比之下
> ……倒是……，可是……　和……不相称　毕竟……
> 其实……　听说　应该　从我做起，人人有责

第十八课　环境保护

3. 内容：两个留学生谈论自己国家的环境问题。（绿地、环境保护、公共卫生等等）
   角色：两个留学生

4. 内容：市长去一个大学参观，问同学们应该怎样才能保护好城市的环境。
   角色：市长和两个同学

练习3和4的参考词语：

免得……　　随地　　……不利于……　　我也这么……
我同意……　　影响　　如果……，到时候……就来不及了
动不动就……　　和……不相称　　将来　　以……的身份
越来越……　　想法

六、请你说说　Have a talk

1. 你觉得你所在的城市有什么环境问题？你们的国家有同样的问题吗？
2. 你去过的城市中，哪一个城市的环境最好？为什么？
3. 如果你是市长，你会怎样解决你城市的环境问题？请告诉大家。
4. 你最喜欢哪一个城市？为什么？

第十九课

饮 食

1. 你喜欢吃中国菜吗？你知道中国菜有什么特点吗？
2. 你喜欢做菜吗？会做什么菜？可以做给大家尝尝吗？
3. 你在外边吃饭以后，遇到过身体不舒服（shūfu; be well, comfortable）的情况吗？你觉得在外面吃饭应该注意什么？

1. 大饱口福	dàbǎo kǒufú		to have a good meal	훌륭한 식사를 하다.	ごちそうをいっぱい食べる
2. 酸菜鱼	Suāncàiyú		Boiled Fish with Pickled Cabbage and Chili	산채어(중국요리명)	酸菜(白菜の漬け物)と魚の煮込み
3. 地道	dìdao	（形）	typical	정통의. 정종의.	本場の
4. 区别	qūbié	（名）	difference	차이.	違い、差

5.	地理	dìlǐ	（名）	geographical features of a place	지리.		地理
6.	气候	qìhòu	（名）	climate	기후.		気候
7.	学问	xuéwèn	（名）	knowledge	학식.		知識、学問
8.	俗话	súhuà	（名）	common saying	속담.		ことわざ
9.	讲究	jiǎngjiu	（动、形）	be particular about	중요시하다.		重んずる
10.	受不了	shòu bu liǎo		can't bear	견딜 수 없다.		耐えられない
11.	口味	kǒuwèi	（名）	taste	입맛.		好み

课文一　Text

我今天真是大饱口福了

（丽莎和李阳在川菜馆吃川菜…）

李　阳：丽莎，这是麻婆豆腐，这是宫保鸡丁，还有这是酸菜鱼，都是地道的四川特色菜，快尝尝吧。

丽　莎：颜色看起来那么红，一定辣得不得了吧？

李　阳：川菜的特点一是麻，二是辣，三是酸。冬天吃再合适不过了。

丽　莎：我听说中国菜的特点是"东辣西酸"、"南甜北咸"，为什么会有这么大的区别呢？

李　阳：这可能跟每个地方的地理环境和气候有关系，所以各地的饮食习惯很不一样。

丽　莎：原来在中国，吃也有那么多学问啊。

李　阳：你没听说过中国有句俗话，叫"民以食为天"吗？

丽　莎：我知道，就是中国人把吃看成是最重要的一件事。

李　阳：对。不过我知道法国人对吃也很讲究。

丽　莎：是啊，法国人喜欢吃酸的、甜的和咸的，不太喜欢吃辣的。不过我喜欢吃辣的菜，所以吃这些菜没问题。

李　阳：我看你还是慢点儿吃吧，要是胃受不了怎么办？明天可别跑医院啊！

丽　莎：没关系，我的胃好着呢，这些菜又合我的口味。我今天真是大饱口福了。

生词二　New words

1.	拉肚子	lā dùzi		suffer from diarrhoea	설사.	下痢
2.	出冷汗	chū lěnghàn		be in a cold sweat	식은 땀을 흘리다.	冷や汗をかく
3.	清淡	qīngdàn	（形）	light	담백하다.	あっさりしている
4.	油腻	yóunì	（形）	greasy	느끼하다.	脂っこい

课文二　Text

真后悔没听你的

丽　莎：你好，我拉肚子了，要买药。什么药效果比较好？

店　员：小姐，拉肚子也有很多原因，能告诉我你是怎么拉肚子的吗？

丽　莎：我想可能是昨天辣的吃多了。第一次吃那么辣的菜，结果晚上直出冷汗，还拉了好几次肚子。

店　员：你发烧了没有？

丽　莎：那倒没有。

店　员：你有什么不能吃的药吗？

丽　莎：没有，我什么都能吃。

店　员：那你买这个药吧。一天吃三次，每次吃三片，饭后吃。要是吃了两天还没效果，得赶紧去医院看。还有，这几天吃些清淡的，别吃辣的和油腻的东西了。

丽　莎：好的。谢谢。

（药店门口……）

李　阳：丽莎，你的脸色看起来不太好。怎么了？

丽　莎：别提了，昨晚拉肚子了。不过不是很严重，我已经买药了。

李　阳：昨天你真不该吃那么多辣的。

丽 莎：我一看到好吃的就什么都忘了。

李 阳：下次吃东西的时候可别像昨天一样了。

丽 莎：是啊，真后悔昨天没听你的。以后我吃饭你得跟着，提醒我别吃多了。

练习 Exercises

一、朗读下面的句子，请注意语音、语调　Read the sentences aloud and pay attention to the tone

1. 川菜的特点一是麻，二是辣，三是酸。冬天吃再合适不过了。
2. 为什么会有这么大的区别呢？
3. 原来在中国，吃也有那么多学问啊。
4. 什么药效果比较好？
5. 我想可能是昨天辣的吃多了。
6. 这几天吃些清淡的，别吃辣的和油腻的东西了。

二、替换练习　Substitution drill

1. 川菜的特点一是麻，二是辣，三是酸。

学汉语	要有兴趣	要认真	要有好的老师
他没去	因为下雨	身体不太好	工作有点儿忙
这件衣服	款式好	便宜	适合我

第十九课　饮食

2. 这可能跟每个地方的地理环境和气候有关系。

肺不好	你每天抽那么多烟
心情的好坏	天气变化
这次面试没成功	你没有工作经验

3. 我看你还是慢点儿吃吧，要是胃受不了怎么办？

买这件	那件太小
带把雨伞	下雨
少带点儿东西	超重

4. 第一次吃那么辣的菜，结果晚上直出冷汗。

熬夜	白天	打瞌睡（kēshuì; doze off）
吃芥末（jièmo; mustard）	呛（qiàng; choke）得	流眼泪
做红烧肉，太咸了	一晚上	喝水

5. 要是吃了两天还没效果，得赶紧去医院看。

你来晚了	罚唱歌
没带护照	赶快回去拿
想考试得第一	好好儿复习

6. 你的脸色看起来不太好。

天	要下雨了
老王	不太高兴
这些苹果	不太新鲜

三、根据所给词语完成对话　Accomplish the dialog according to the given words

1. A：我听说上海这几天每天都是39度。
   B：_____。（……得不得了）

2. A：这件衣服太小了，这件颜色太艳，那件款式不好。
   B：_____。（对……讲究）

3. A：这个手机这么贵，还是别买了。
   B：_____。（……着呢）

4. A：你的衣服怎么全湿了？
   B：_____。（别提了）

5. A：昨天回家以后我就感冒了。
   B：_____。（真不该）

6. A：我让你昨天好好儿复习，你不听，结果今天考试不及格了吧。
   B：_____。（真后悔）

四、按照下面的提示复述课文　Recite the text according to the prompt

课文一

1. 丽莎和李阳在干什么？他们点了哪些菜？
2. 川菜有哪些特点？冬天吃合适吗？
3. 中国菜的特点是什么？为什么会有这么大的区别？
4. "民以食为天"是什么意思？
5. 法国人喜欢吃什么口味的菜？李阳为什么让丽莎慢点儿吃？丽莎听李阳的了吗？

课文二

1. 丽莎怎么了？为什么会拉肚子？
2. 丽莎发烧了吗？有没有什么药丽莎不能吃？

第十九课　饮食

3. 医生让丽莎注意些什么？

4. 李阳在哪里碰到了丽莎？他对丽莎说了些什么？

五、根据下面的情景作对话练习　Make a dialog according to the scene

1. 内容：一个上海大学生和他／她的美国朋友在吃上海菜，并向他／她介绍上海菜（清淡，有点甜）的特点。
   角色：上海大学生和美国朋友

2. 内容：冬天到了，丽莎要去哈尔滨旅游，李阳告诉她哈尔滨的一些情况（雪很大，很冷），并劝她多带些衣服。
   角色：丽莎和李阳

练习 1 和 2 的参考词语：

> 这是……　都是　快……吧　看起来　……得不得了
> 再……不过了　一是……，二是……，三是……
> 听说　跟……有关系　原来　把……看成是　不过
> 我看你还是　要是……怎么办　……着呢

3. 内容：金大永第一次吃很酸的菜，结果胃疼了，到医院看病。
   角色：金大永和医生

4. 内容：丽莎因为穿得太少，在哈尔滨感冒了。回来后碰到李阳，后悔没听李阳的劝多带些衣服。
   角色：丽莎和李阳

练习 3 和 4 的参考词语：

> 能告诉我怎么……　我想可能是　第一次　结果
> 还……　……了没有　要是……，得……　还有
> 别……了　看起来　怎么了　别提了　以后
> 真不该一……就……　像……一样　真后悔没听你的

六、请你说说   Have a talk

1. 你去过中国哪些地方？吃过哪些特色菜？喜欢吗？中国菜和你们国家的菜有什么区别？

2. 你们学校食堂的菜或者你们学校附近饭馆儿的菜怎么样？有什么特色菜？价格怎么样？跟同学们介绍一下。

3. 如果你刚到中国，汉语不太好，牙疼想买药。你会怎么办？可以表演一下吗？

4. 感冒了应该注意些什么？你有什么经验？（很严重/不太严重，吃、穿、休息……）

第二十课

抽烟与戒烟

1. 你的朋友或者家人抽烟吗？他们为什么喜欢抽烟？
2. 你知道抽烟有哪些不好的地方吗？怎么劝别人不要抽烟？
3. 你经常体检吗？我们应该多长时间体检一次？体检前要注意什么？

1. 戒烟	jiè yān		give up smoking	담배를 끊다.	喫煙をやめる
2. 文章	wénzhāng	（名）	article	문장.	文章
3. 肺	fèi	（名）	lungs	폐.	肺
4. 伤害	shānghài	（动）	harm	손상시키다.	害する
5. 污染	wūrǎn	（动）	pollute	오염시키다.	汚染する
6. 思考	sīkǎo	（动）	think deeply	사고하다. 깊게 생각하다.	思考する、考える
7. 思路	sīlù	（名）	train of thought	생각의 실마리.	考えの筋、構想
8. 备课	bèi kè		make preparation for teaching	수업을 준비하다.	授業の準備をする

9. 夸张	kuāzhāng	（形）	exaggerated	과장하다.	大げさ
10. 口香糖	kǒuxiāngtáng	（名）	chewing gum	껌.	ガム
11. 体检	tǐjiǎn	（动）	physical examination	신체 검사를 하다.	健康検査

课文一　Text

您别再抽烟了

黄佳佳：唐老师，您不是说戒烟吗？怎么又抽上了？

唐老师：没办法，我在写文章，要是不抽烟就一点儿也写不出来，所以不得不抽烟。

黄佳佳：可是抽烟对身体不好，尤其是对肺的伤害更大，还污染环境。

唐老师：抽了几十年了，已经习惯了，改不了了。

黄佳佳：我建议您每天少抽点儿，慢慢儿就不抽了。

唐老师：可是抽烟可以帮助我思考，整理思路，特别是写文章、备课的时候。

黄佳佳：可以用别的方法嘛，比如出去散散步，或者听听音乐什么的，您别再抽烟了。

唐老师：我试过了，都没用。写不出来的时候，还得靠烟。没有烟写不了文章啊！

黄佳佳：太夸张了吧？要不试试口香糖吧。想抽烟的时候吃一块，

第二十课　抽烟与戒烟

效果应该不错。

唐老师：你不说我真忘了。这个我也试过，还是没什么用。

黄佳佳：唐老师，您还是得自己多注意点儿。能不抽就不抽，不为自己，也得为您的家人考虑啊。

唐老师：你说得对。为了家人，我是得多注意自己的身体。

黄佳佳：对了，我看您再去做一个体检吧。

唐老师：好的，我有空就去。

生词二　New words

1. 血压	xuèyā	（名）	blood pressure	혈압.	血圧
2. 新鲜	xīnxiān	（形）	fresh	신선하다.	新鮮である
3. 影响	yǐngxiǎng	（名）	influence	영향.	影響
4. 尼古丁	nígǔdīng	（名）	nicotine	니코틴.	ニコチン

课文二　Text

那可得注意了

黄佳佳：唐老师，体检结果出来了没？

唐老师：出来了，没什么大问题，就是血压有点儿高。

黄佳佳：那可得注意了。网上说，血压高的人要多吃新鲜的水果和蔬菜，少吃油腻的东西，还有不要吃太咸的东西。

唐老师：这没什么，很多上了年纪的人血压都有点儿高。

黄佳佳：那您的肺？

唐老师：肺也有点儿问题。大夫告诉我，还是得多注意。

黄佳佳：肯定是抽烟抽的，大家都说抽烟对肺有影响。

唐老师：也没那么严重吧？大夫只是建议我多锻炼身体，少坐车多走路。

黄佳佳：明天我就陪您走路来学校吧？我也顺便锻炼身体。不过大夫就只说了这些吗？

唐老师：这个……其实大夫还叫我别再抽烟了。

黄佳佳：您看大夫也这么说吧。我听说一支香烟里面的尼古丁可以杀死一只老鼠呢。

唐老师：是吗？那我就按照医生说的做，少抽烟多运动，或者改喝茶。喝茶对身体有好处。

黄佳佳：对，就应该这样。

练习  Exercises

一、朗读下面的句子，请注意语音、语调　Read the sentences aloud and pay attention to the tone

1. 您不是说戒烟吗？怎么又抽上了？
2. 抽了几十年了，已经习惯了，改不了了。

第二十课　抽烟与戒烟

3. 太夸张了吧？要不试试口香糖吧？

4. 明天我就陪您走路来学校吧？

5. 这个……其实大夫还叫我别再抽烟了。

6. 我听说一支香烟里面的尼古丁可以杀死一只老鼠呢。

二、替换练习　Substitution drill

1. 您不是说戒烟吗？怎么又抽上了？

你	这个月不买衣服了	买
你	他不去北京了	去
老师	这次不考听力了	考

2. 抽烟对身体不好。

熬夜	皮肤
躺着看书	眼睛
吃太咸的东西	高血压病人

3. 抽烟可以帮助我思考，整理思路，特别是写文章、备课的时候。

跑步	锻炼身体	可以减肥
上网	了解更多的信息	发生在国外的一些新闻
旅游	调节(tiáojié; adjust)人的心情	工作压力很大的时候

4. 血压高的人要多吃新鲜的水果和蔬菜，少吃油腻的东西。

学汉语	练习听力和口语	用母语和同学聊天儿
回家以后	看书复习	上网玩儿游戏
肥胖的人	锻炼	吃甜的东西

5. 很多上了年纪的人血压都有点儿高。

小区的超市	是 24 小时营业（yíngyè; do business）
大城市	有交通拥挤的情况
中学生	喜欢通宵（tōngxiāo; the whole night）上网聊天儿

6. 肯定是抽烟抽的，大家都说抽烟对肺有影响。

减肥减的	黄佳佳身体不如（bùrú; not as good as）以前了
喝酒喝的	喝酒对胃不好
熬夜熬的	他已经三天没睡觉了

三、根据所给词语完成对话 Accomplish the dialog according to the given words

1. A：你在外面少喝点酒，喝酒对身体不好。
   B：＿＿＿＿＿＿＿＿＿＿。（不得不）

2. A：上海的夏天太热了。
   B：是呀。＿＿＿＿＿＿＿＿＿＿。（没有……V 不了）

3. A：她为了减肥，已经一个星期没有吃饭了。
   B：＿＿＿＿＿＿＿＿＿＿。（太夸张了吧？要不……）

4. A：你的身体好点儿了吗？
   B：＿＿＿＿＿＿＿＿＿＿。（没什么大问题，就是……）

5. A：听说你读写考试考了 90 分。
   B：＿＿＿＿＿＿＿＿＿＿。（这没什么，……）

6. A：我听说期末考试不及格就不能毕业。
   B：＿＿＿＿＿＿＿＿＿＿。（也没那么严重吧）

四、按照下面的提示复述课文 Recite the text according to the prompt

课文一

1. 唐老师为什么又抽烟了？

2. 抽烟有哪些不好的地方？

3. 唐老师能戒掉烟吗？为什么？

4. 黄佳佳建议唐老师用哪些方法戒烟？有用吗？（比如……，要不试试……）

5. 最后黄佳佳建议唐老师去做什么？

课文二

1. 唐老师的体检结果怎么样？
2. 高血压病人要注意些什么？
3. 唐老师的肺怎么样？什么原因造成的？
4. 大夫建议唐老师怎么做？
5. 唐老师最后决定怎么做？

五、根据下面的情景作对话练习　Make a dialog according to the scene

1. 内容：儿子劝爸爸戒酒，但是爸爸说压力大的时候就想喝酒，儿子建议爸爸多试几个方法来戒酒。
   角色：儿子和爸爸

2. 内容：要考试了，但是李阳不喜欢看书，一看书就想睡觉，哈利给他一些建议。
   角色：李阳和哈利

练习1和2的参考词语：

不是……吗　怎么又……　没办法　要是……就……
不得不　要不……　对……不好，尤其是……
我建议　可是……可以……，特别是……　太夸张了吧
你说得对　可以用别的方法嘛，比如……　我看……
没有……V不了……　你不说我真忘了

3. 内容：丽莎的朋友从法国来上海找工作，可她不会说汉语，结果没找到工作。丽莎告诉她学习汉语的重要性。
   角色：丽莎和她的朋友

4. 内容：金大永和他的女朋友吵架了，差点儿（chà diǎnr; almost, nearly）分手。丽莎劝他赶快向女朋友道歉（dào qiàn; apologize），否则会伤（shāng; be harmful to）感情的。
   角色：金大永和丽莎

练习3和4的参考词语：

> 没什么大问题，就是……　那可得注意了　这有什么
> 很多……都……　肯定是　大家都说　就应该这样
> ……对……有影响　也没那么严重吧　顺便　其实
> 我听说　按照……做　多……少……　对……有好处

六、请你说说　Have a talk

1. 你抽烟吗？你觉得抽烟有哪些好和不好的地方？（对……好/不好；对……有影响）

2. 你觉得为什么会有那么多人抽烟？戒烟难吗？有哪些方法可以戒烟？

3. 现在每个国家都有很多烟民，不少国家采取很多方法在公共场所禁烟。你怎么看这件事？

4. 你的家人身体好吗？你觉得年纪大的人应该注意些什么？

第二十一课

健康第一

热身 Warm up

1. 你经常和朋友一起喝酒吗？每天晚上你一般几点睡觉？常常熬夜吗？
2. 你觉得不吃饭减肥的方法好不好？怎样才能保持健康？
3. 来中国以后习惯这里的生活吗？你觉得哪些生活习惯和你们国家不一样？

生词一 New words

1.	开夜车	kāi yèchē		sit up	밤을 꼬박 새우다.	徹夜する
2.	犯困	fànkùn	（动）	sleepy	졸리다.	眠い
3.	确实	quèshí	（副）	indeed; exactly	정말로.	確かに
4.	减肥	jiǎn féi		lose weight	살을 빼다.	ダイエットする
5.	全身	quánshēn	（名）	whole body	온몸.	全身
6.	做法	zuòfǎ	（名）	method	방법.	やり方
7.	按时	ànshí	（副）	on time; on schedule	제때에.	時間通りに
8.	方式	fāngshì	（名）	manner	방법. 방식.	様式

课文一　　Text

说起来容易，做起来难

哈　利：你们两个看上去很累的样子，怎么了？

李　阳：下个星期就要考试了，我平时上课没有认真听，这几天只好开夜车看书了。

哈　利：连觉都不睡？你也太努力了吧。这次考试你一定能拿第一。

李　阳：别提了，最近我是越来越不想看了，看到书就犯困。真不知道该怎么办。

哈　利：黄佳佳，你呢？你不是考完了吗？怎么也这个样子？总不会也开夜车吧？

黄佳佳：我确实不用考试，不过来中国以后胖了不少，所以正减肥呢。

哈　利：啊，怪不得越来越漂亮了。

黄佳佳：开什么玩笑！我是越减越肥了。

哈　利：怎么会呢？

黄佳佳：前几天我不吃饭只喝水，弄得全身没力气，实在坚持不下去了。这几天不得不吃饭，结果比以前吃得还多。

哈　利：你们俩的做法都不对，健康第一。你们应该按时吃饭、睡觉，平时多锻炼身体。这才是健康的生活方式。

李　阳：还说我们呢，你每天熬夜上网就健康了？

哈　利：这……说起来容易，做起来难嘛。

生词二　New words

1. 困惑	kùnhuò	（形）	bewilder; confuse	곤혹스럽게 만들다.	戸惑う
2. 发达	fādá	（形）	develop; flourishing	발달하다.흥성하다.	発達している
3. 百思不得其解	bǎi sī bù dé qí jiě		bothered, puzzled	도무지 이해가 되지 않는다.	どう考えてもわからない
4. 垃圾	lājī	（名）	rubbish	쓰레기.	ゴミ
5. 分类	fēn lèi		assort; classify	분류하다.	分別する
6. 便于	biànyú	（动）	covenient for; easy to	(…하기에)쉽다.	～便利だ
7. 再利用	zài lìyòng		recycly; re-use	재활용.	リサイワル
8. 公筷	gōngkuài	（名）	public chopsticks	공용 젓가락.	取り箸
9. 传染	chuánrǎn	（动）	infect	전염하다.감염하다.	伝染する
10. 疾病	jíbìng	（名）	illness; malady	질병.	病気の総称
11. 一次性	yícìxìng	（形）	one off	일회용인.	使い捨て
12. 塑料袋	sùliàodài	（名）	plastic bags	비닐봉지.	ビニール袋
13. 瘦	shòu	（形）	thin	마르다.	やせている
14. 竹竿	zhúgān	（名）	bamboo pole	대나무 장대.	竹ざお
15. 怪事	guàishì	（名）	strange thign	이상한 일.	あやしい事

课文二 Text

哈利的困惑

我来中国快一年了，已经习惯了上海的生活。上海很漂亮，经济也很发达，在上海生活很方便。但是越了解中国，就越觉得困惑，有几个问题我是百思不得其解。来到中国，我就发现这里的垃圾不分类，什么垃圾都扔在一个地方，这样不但污染环境，也不便于垃圾的再利用；去饭店吃饭的时候，没有公筷，每个人都用自己的筷子从一个盘子里夹菜，多不卫生啊，要是传染上疾病怎么办？去超市买东西，大家用的是一次性的白色塑料袋；去小饭店吃饭，老板还给我们一次性的筷子，实在是太不注意环境保护了。哦，我差点儿忘了，中国的女孩儿还特别喜欢减肥，已经瘦得像竹竿一样了还要减，真是怪事。

练习 Exercises

一、朗读下面的句子，请注意语音、语调 Read the sentences aloud and pay attention to the tone

1. 连觉都不睡？你也太努力了吧。
2. 我确实不用考试，不过来中国以后胖了不少，所以正减肥呢。

3. 开什么玩笑！我是越减越肥了。
4. 你每天熬夜上网就健康了？
5. 多不卫生啊，要是传染上疾病怎么办？
6. 实在是太不注意环境保护了。

二、替换练习 Substitution drill

1. 你们两个看上去很累的样子。

天	要下雨
妈妈	不太高兴
这儿	很久没人住

2. 最近我是越来越不想看书了。

菜	贵
他	喜欢打篮球
丽莎	漂亮

3. 前几天我不吃饭只喝水，弄得全身没力气。

孙子不见了	爷爷奶奶着急了好几天
下个星期要考试	我每天晚上复习到很晚才睡
昨天下雨我没带伞	全身都湿了

4. 越了解中国，就越觉得困惑。

休息	觉得累
没有精神	要坚持
喜欢上海	不想离开

5. 这样<u>不但</u>污染环境，也<u>不便于</u>垃圾的再利用。

旅游	可以放松心情	可以认识很多朋友
抽烟	影响自己的健康	影响他人的健康
自己做饭	省钱	很有意思

6. 要是<u>传染</u>上<u>疾病</u>怎么办？

感冒生病
找不到钥匙
考试不及格

三、根据所给词语完成对话　Accomplish the dialogue according to the given words

1. A：最近我越来越胖，所以已经几天没吃饭了。
   B：＿＿＿＿＿＿＿＿＿＿＿＿＿＿＿。（连……都……，太……了吧）

2. A：走快一点儿，要来不及了。
   B：可现在是红灯，＿＿＿＿＿＿＿＿＿＿？（总不……吧）

3. A：你这么努力练习，明天演讲比赛一定得第一。
   B：＿＿＿＿＿＿＿＿＿＿＿＿＿＿＿。（开什么玩笑）

4. A：你想去哪儿旅行？
   B：＿＿＿＿＿＿＿＿＿＿。（什么……都……）

5. A：你为什么要学习汉语？
   B：＿＿＿＿＿＿＿＿＿＿。（不但……也……）

6. A：明天就要出发了，行李都准备好了吗？
   B：＿＿＿＿＿＿＿＿＿＿＿＿＿。（我差点儿忘了）

第二十一课　健康第一

四、按照下面的提示复述课文　Recite the text according to the prompt

课文一

1. 李阳和黄佳佳为什么都很累？
2. 李阳是怎么复习的？效果好吗？
3. 黄佳佳用什么方法减肥？结果怎么样？
4. 哈利觉得他们的做法对吗？哈利觉得怎么做才是健康的生活方式？
5. 哈利自己做到了吗？

课文二

1. 哈利来中国多久了？习惯上海的生活吗？觉得上海怎么样？
2. 哈利有哪些问题想不明白？
3. 在中国垃圾分类吗？垃圾不分类有什么坏处？
4. 在饭店有公筷吗？卫生吗？
5. 去超市和小饭店，大家还用什么不环保的东西？
6. 中国的女孩儿还喜欢做什么？

五、根据下面的情景作对话练习　Make a dialogue according to the scene

1. 内容：黄佳佳听说了一种减肥方法。每天不吃饭，只喝牛奶、吃苹果。坚持了三天，坚持不下去了。丽莎告诉她正确的减肥方法。
   角色：黄佳佳和丽莎

2. 内容：儿子一边工作一边学习汉语，觉得很累很辛苦，爸爸给儿子一些建议。
   角色：爸爸和儿子

练习1和2的参考词语：

> 看上去　就要……了　连……都……　太……了吧
> 越来越　真不知道该怎么办　总不……吧　确实
> 正……呢　开什么玩笑　弄得　坚持不下去
> 不得不　按时　说起来容易，做起来难

3. 内容：妈妈和她的朋友聊天，说她的儿子喜欢玩儿电脑游戏，可以几天几夜不停地玩儿，妈妈觉得很困惑。
   角色：妈妈和朋友

4. 内容：哈利和出租车司机说起中国的交通，哈利不明白为什么有那么多人闯红灯（chuǎng hóngdēng; run the red light），不走人行道（rénxíngdào; footpath），骑车带人等。
   角色：哈利和出租车司机

练习3和4的参考词语：

> 越……就越……　　困惑　　百思不得其解
> 什么……都……　　不但……也……　　要是……怎么办
> 实在是太……了　　我差点儿忘了　　已经……了还……
> 真是怪事　　像……一样　　一次性　　特别……

六、请你说说　Have a talk

1. 你认为肥胖是由什么原因造成的？怎么样才是正确的减肥方法？在饮食和生活中又应该注意些什么？
2. 你觉得怎么样才是健康的生活方式？
3. 来中国以后，你发现了哪些"奇怪"的事？说一说你的经历。
4. 保护环境我们可以做些什么？不该做什么？

第二十二课

生日晚会

热身 Warm up

1. 在你们国家,生日一般怎么过?和朋友一起过,还是和家人一起过?
2. 你想给你的朋友过一个特别的生日,你会怎么做?
3. 你生日的时候,你的家人和朋友常常送你什么礼物?他们送给你的礼物中,你最喜欢哪一个?

生词一 New words

1. 行动	xíngdòng	(动)	act	행동(하다).	行動する
2. 难忘	nánwàng	(形)	indelibly unforgettable	잊을 수 없다.	忘れがたい
3. 惊喜	jīngxǐ	(名)	pleasantly surprised	놀라고도 기뻐하다.	狂喜する、驚きと喜び
4. 骗	piàn	(动)	deceive; cheat	속이다.	だます
5. 通知	tōngzhī	(动)	inform; notify	통지(하다).	知らせる
6. 蜡烛	làzhú	(名)	candle	초.	ろうそく
7. 负责	fùzé	(动)	take charge	책임지다.	責任をとる

8. 布置　　bùzhì　　（动）　dispose　　(각종 물건을)배치하다.　　(部屋などを)飾り付ける

课文一　Text

说干就干，行动起来

哈　利：今天是丽莎的生日，我差点儿忘了这件事。

李　阳：她一个人在中国，生日的时候一定很想家人和朋友。

哈　利：我们让她过一个难忘的生日吧。

芳　子：怎么过才能让她难忘呢？

金大永：我们先别告诉她，给她一个惊喜。

芳　子：我有个主意。我们先骗她今天晚上去教室，就说老师要给我们上辅导课。

李　阳：我明白你的意思了。等她来了以后，我们就拿着点好蜡烛的蛋糕，一起唱生日快乐歌。

哈　利：好，就这么定了。我们安排一下，一个人负责一件事。芳子，你打电话给丽莎，就说老师让她通知全班同学今天晚上补课。

第二十二课 生日晚会

金大永：我来负责买蛋糕和蜡烛，顺便再买一些鲜花、彩灯什么的，把它们挂在墙上。

李　阳：就这么办。我和哈利负责把教室布置一下。呀，已经四点了，没多少时间了。

芳　子：不管时间多还是少，我们都要把这件事做好，让丽莎高高兴兴地过生日。

金大永：好的，说干就干，行动起来！

生词二　New words

1. 想念	xiǎngniàn	（动）	miss	그리워하다.	会いたい
2. 好不容易	hǎobù róngyì		not easy to	겨우.	やっと、すうやく
3. 盼	pàn	（动）	look forward to	바라다.	待ち望む
4. 感动	gǎndòng	（形）	moved	감동시키다.	感動する
5. 许愿	xǔ yuàn		make a vow to god	소원을 빌다.	願をかける
6. 激动	jīdòng	（形）	excited	흥분하다.	興奮する

专名

新天地	Xīntiāndì	Xintiandi	신천지(중국 상해의 여행지)	新天地

课文二　Text

这个生日晚会我永远也忘不了

今天是我20岁生日。这是我第一次在中国过生日，我很想念我的家人和朋友。在法国，生日都是和我的朋友一起过的，但是今年我在上海，没法和他们一起过了。我本来打算要是晚上没事，就去新天地。可芳子告诉我，今天晚上要补课。好不容易盼到生日，要在教室里学习，真倒霉。

晚上，我一进教室就看到哈利捧着一个很大的蛋糕，所有同学唱着生日快乐歌，祝我生日快乐。教室里挂着彩灯，到处都放着鲜花。我根本没想到他们会安排这个生日派对，太让我感动了。我切了蛋糕，许了愿，并且激动地说："原来我以为没有人陪我过生日，现在有那么多同学陪我，还送我礼物，我我真是太高兴了。这个生日派对我永远也忘不了！"

练习　Exercises

一、朗读下面的句子，请注意语音、语调　Read the sentences aloud and pay attention to the tone

1. 我们让她过一个难忘的生日吧。

第二十二课 生日晚会

2. 呀，已经四点了，没多少时间了。

3. 好的，说干就干，行动起来！

4. 好不容易盼到生日，要在教室里学习，真倒霉。

5. 我根本没想到他们会安排这个生日派对，太让我感动了。

6. 这个生日派对我永远也忘不了！

二、替换练习　Substitution drill

1. 今天是丽莎的生日，我差点儿忘了这件事。

天气这么热	就病了
买错了火车票	回不来了
这次考试这么难	不及格

2. 我们骗她今天晚上去教室。

我	他明天才回去
他	我说昨天住在朋友家
妈妈	我牛奶已经喝完了

3. 老师让她通知全班同学今天晚上补课。

我	她	丽莎	明天不用来上课
老板	我	所有人	两点开会
王阿姨	我	你	明天去体检

4. 教室里挂着彩灯，到处都放着鲜花。

公园里非常热闹	挤满了人
商店已经关门了	买不到水果
上海的夏天温度很高	热得不得了

5. 我根本没想到他们会安排这个生日派对。

她	这件衣服	这么便宜
老师	学生	送她礼物
我们	老板	来得这么早

6. 这个生日派对我永远也忘不了！

今天的事
那天的车祸（car accident）
奶奶的笑容

三、根据所给词语完成对话　Accomplish the dialogue according to the given words

1. A：我觉得你的汉语可以说得更好。
   B：你能告诉我_____？（怎么……才能……）

2. A：晚会结束的时候，我们每个人送老师一件礼物。
   B：_____。（就这么定了，负责）

3. A：这是我们最后一次参加演讲比赛了。
   B：_____。（不管……还是……，都……）

4. A：你怎么今天就回来了？
   B：_____。（本来）

5. A：今天公共汽车上人多吗？
   B：很多。_____。（好不容易）

6. A：这次去香港旅游怎么样？
   B：_____。（并且）

第二十二课 生日晚会

四、按照下面的提示复述课文 Recite the text according to the prompt

课文一

1. 丽莎什么时候过生日？
2. 哈利他们打算给丽莎过一个什么样的生日？
3. 他们打算怎么做？（先……再……然后……）
4. 芳子负责做什么？金大永呢？
5. 李阳和哈利又负责做什么？

课文二

1. 今天是什么日子？这是丽莎第几次在中国过生日？
2. 在法国，丽莎一般和谁一起过生日？
3. 丽莎本来打算今天去哪儿？后来呢？
4. 丽莎走进教室的时候看到了什么？听到了什么？
5. 丽莎最后说了什么？

五、根据下面的情景作对话练习 Make a dialog according to the scene

1. 内容：老板生病刚出院，同事们商量明天上班的时候给老板一个惊喜。
   角色：三个同事

2. 内容：明天是教师节，同学们商量买花和礼物给老师一个惊喜。
   角色：四个学生

练习 1 和 2 的参考词语：

差点儿　怎么……才能……　我有个主意　骗
就这么定了　通知　负责　……什么的　显得
又……又……　就这么办　把……V一下
不管……还是……，都……　说干就干，行动起来

3. 内容：黄佳佳告诉丽莎，她第一次和男朋友过情人节的情景。
   角色：黄佳佳和丽莎

4. 内容：哈利告诉李阳，他第一次到中国后遇到的难忘的事。
   角色：哈利和李阳

练习3和4的参考词语：

> 第一次　但是　没法……了　本来　好不容易
> 真倒霉　一……就……　到处都……　根本没想到
> 太让我……了　并且　原来……现在……
> 真是太……了　永远也忘不了

六、请你说说　Have a talk

1. 在你们国家，生日一般怎么过？（晚会、礼物、祝贺……）
2. 在你们国家，有没有哪一年的生日特别重要，应该好好儿庆祝的？一般怎么庆祝？
3. 说一次你最难忘的生日。
4. 说一说：我最难忘的_____（一天/一件事/一个人/……）

第二十三课

学习汉语的烦恼

1. 你有没有因为汉语发音不标准而产生误会的经历？
2. 在汉语学习上你遇到过什么问题？你是怎么解决的？
3. 你的同屋是哪国人？你和你同屋的生活习惯一样吗？闹过矛盾（nàomáodùn; conflict; contradiction）吗？

1. 适应	shìyìng	（动）	adapt; get used to	적응하다.	慣れる
2. 产生	chǎnshēn	（动）	produce; bring	생기다. 발생하다.	発生する、起こる
3. 误会	wùhuì	（名）	misunderstanding	오해.	誤解する
4. 例子	lìzi	（名）	example	예.	例
5. 售票员	shòupiàoyuán	（名）	conductor	매표원.	切符を売る人
6. 好在	hǎozài	（副）	just as well; luckily	다행이도.	幸い
7. 好心人	hǎoxīn rén		kind person	마음씨 착한 사람.	親切な人
8. 平安	píng'ān	（形）	safe	무사하다.	無事である

9. 师傅	shīfu	（名）master shifu	기사님.	おじさん
10. 透	tòu	（形）fully; thoroughly	그지없다.	とても

专 名

1. 苏州	Sūzhōu	Suzhou	소주(중국 지명)	蘇州
2. 福州	Fúzhōu	Fuzhou	복주(중국 지명)	福州

课文一　Text

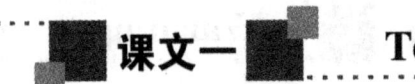

汉语可真难啊

（芳子和金大永在一起喝茶、聊天……）

芳　子：金大永，算起来我们在中国学了一年汉语了，你应该适应这里的学习生活了吧？

金大永：适应是适应，可是……

芳　子：怎么了？

金大永：学习方面有点儿问题。汉语里很多词的发音都差不多，我分不清楚，常常会产生一些误会。

芳　子：举个例子看看。

金大永：比如说，上次我们打算去苏州。买火车票时，我发音不准，售票员听成了福州。结果我们不得不去福州了。

芳　子：后来呢？

第二十三课 学习汉语的烦恼

金大永：好在有好心人的帮助，我们才平安地回到了上海。

芳　子：你这么一说我也想起来了。上次我房间的电视机坏了，打电话找师傅来修。我想让他上午十点来。可是到了下午四点师傅才来。原来我把"十"说成了"四"。

金大永：真是糟糕透了。

（电话响了……）

芳　子：喂，丽莎啊，怎么了？……什么？你在医院？病了吗？……哦，你要去豫园，结果出租车把你送到医院去了？哈哈，又是发音的问题！

（挂完电话）

金大永：看来每个人都有这样的经历。

芳　子：可不是，汉语可真难啊！

生词二 New words

1. 沟通	gōutōng	（动）	communicate	교류하다.	コミュニケート
2. 夜猫子	yèmāozi	（名）	a person who goes to bed late; owl	밤샘하는 사람. 올빼미.	よく夜更かしをする人
3. 吵	chǎo	（动形）	noisy	시끄럽다.	うるさい
4. 矛盾	máodùn	（名）	conflict; contradiction	대립. 갈등.	不一致である

课文二 Text

你们需要好好儿沟通一下

李　阳：芳子，你怎么了？脸色这么难看？

芳　子：别提了，几天没睡好。

李　阳：什么事让你睡不着？

芳　子：我和同屋的生活习惯太不一样了。我习惯早睡早起，她却是个"夜猫子"。每天上网，不到半夜不睡觉，还特别不注意，声音特别大，吵得我睡不着。

李　阳：那你跟她说让她轻点儿了吗？

芳　子：早说过了，可是没用。还有一次，我请她帮我拿个杯子，结果她给了我一条被子。

李　阳：这也怪不得她，"杯子"和"被子"的发音很像嘛。

芳　子：还有我喜欢在房间看书，但是我看书的时候她就把音乐开得很大，我什么也看不进去。

李　阳：看来你们需要好好儿沟通一下，两个人住在一起应该多为对方想想。

芳　子：可是我们的汉语都不好，没法儿沟通啊。

李　阳：每个人的生活习惯的确不一样，不过我想如果大家都能多为别人考虑，为对方做些改变，还是能减少一些矛盾的。

芳　子：我试一试吧。

第二十三课　学习汉语的烦恼

李　阳：你们还应该好好儿学习汉语，学好了才能更好地沟通。
芳　子：对，学好汉语最重要。

一、朗读下面的句子，请注意语音、语调　Read the sentences aloud and pay attention to the tone

1. 适应是适应，可是……
2. 真是糟糕透了。
3. 可不是，汉语可真难啊！
4. 那你跟她说让她轻点儿了吗？
5. 这也怪不得她，"杯子"和"被子"的发音很像嘛。
6. 可是我们的汉语都不好，没法儿沟通啊。

二、替换练习　Substitution drill

1. 算起来<u>我们在中国学了一年汉语</u>了。

   他在上海住了十年
   我们已经五年没见面
   丽莎已经搬了四次家

2. 好在<u>有好心人的帮助</u>，<u>我们</u>才<u>平安地回到了上海</u>。

他带了雨伞	我	没被雨淋湿
你带了钱包	我们	能坐车回来
昨天复习了	李阳	能通过这次考试

3. 看来<u>每个人</u>都有这样的经历。

> 今天不能睡觉了
> 电视机修不好了
> 我要一个人过生日了

4. <u>我和同屋</u>的生活习惯太不一样了。

> 他　　　　我的爱好
> 中国　　　英国的天气
> 上海　　　东京的交通

5. <u>不到半夜不睡觉</u>。

> 花完钱　　　　回家
> 看完书　　　　吃饭
> 通过HSK　　　回国

6. <u>学好了</u>才能更好地沟通。

> 天不下雨　　　开运动会
> 考试及格　　　发毕业证书
> 做完了作业　　睡觉

三、根据所给词语完成对话　Accomplish the dialog according to the given words

1. A：你去过中国哪些地方？
   B：＿＿＿＿＿＿＿＿＿＿。（比如说）

2. A：昨天的面试怎么样？
   B：＿＿＿＿＿＿＿＿＿＿。（真是……透了）

3. A：现在工作太难找了。
   B：＿＿＿＿＿＿＿＿＿＿。（可不是）
4. A：今天他又迟到了。这可是这个星期第三次了。
   B：＿＿＿＿＿＿＿＿＿＿＿＿＿＿＿＿。（这也怪不得……）
5. A：听说他每天通宵打游戏，白天上课老睡觉，你跟他说说。
   B：＿＿＿＿＿＿＿＿＿＿。（什么也 V 不进去）
6. A：昨天我又和我的女朋友吵架了。
   B：＿＿＿＿＿＿＿＿＿＿＿。（沟通）

四、按照下面的提示复述课文　Recite the text according to the prompt

课文一

1. 金大永和芳子学了多长时间汉语了？
2. 金大永适应这里的学习生活了吗？还有什么问题？
3. 他举了一个什么例子说明发音造成的问题？
4. 芳子有这样的经历吗？
5. 丽莎为什么去了医院？

课文二

1. 芳子的脸色为什么很难看？
2. 她为什么睡不着？
3. 她让同屋声音小一点儿，结果有用吗？
4. 芳子和同屋还有哪些生活习惯不一样？
5. 李阳觉得芳子应该怎么做？他们都认为什么才最重要？

五、根据下面的情景作对话练习　Make a dialog according to the scene

1. 内容：李阳和哈利在谈论找工作失败的经历。
   角色：李阳和哈利

2. 内容：丽莎和芳子在谈论第一次吃海鲜（hǎixiān; seafood）以后拉肚子的事。
   角色：丽莎和芳子

练习 1 和 2 的参考词语：

> 算起来　应该……了吧　……是……，可是……
> ……方面有点问题　举个例子　比如说　可不是
> 好在……才……　你这么一说我也想起来了
> 原来　真是……透了　还是……的问题　看来

3. 内容：哈利向李阳抱怨学习汉语又难又辛苦。每天八点就要上课，老师每天布置很多作业，一个星期就有一次考试。李阳建议他和老师沟通一下。
   角色：哈利和李阳

4. 内容：丈夫向妻子抱怨工作辛苦，老板每天让他加班，做很多不该他做的工作。妻子劝他和老板沟通一下。
   角色：丈夫和妻子

练习 3 和 4 的参考词语：

> 什么事让你……　和……太不一样了　习惯　沟通
> 不……不……　还特别　还有一次　这也怪不得
> 什么也 V 不进去　看来　没法……　早……了　减少
> 如果……还是能……　……才能……　……最重要

六、请你说说　Have a talk

1. 你学了多长时间汉语了？你觉得汉语什么地方最难？有什么好的学习方法？
2. 你有没有遇到过课文中说到的情况？说一次因为不会汉语或者发音不准造成的误会。
3. 如果可以选择，你会选择一个什么样的人做你的同屋？
4. 你觉得怎么做能减少人与人之间的矛盾？你是这么做的吗？

第二十四课

爱情与将来

1. 你有男／女朋友吗？和他／她有没有闹过矛盾？解决了没有？怎么解决的？
2. 如果一对恋人不在同一个国家，你觉得他们以后有可能在一起吗？
3. 你知道中国人怎么向对方表达感情吗？和你们国家的一样吗？

1. 船到桥头自然直	chuán dào qiáotóu zìrán zhí		Cross the bridge when you come to it	궁하면 통한다.	案ずるより生むがやすし
2. 恐怕	kǒngpà	（副）	be afraid of	걱정하다.	おそらく
3. 分手	fēn shǒu		break up	헤어지다.	分かれる
4. 相守	xiāngshǒu	（动）	keep with; concomitant	서로 지키다.	愛し合う、分かれない
5. 难免	nánmiǎn	（副）	unavoidable	피하기 어렵다.	避けられない

课文一 Text

船到桥头自然直

李　阳：黄佳佳，怎么了？看上去不太高兴啊。

黄佳佳：唉，还不是因为我的男朋友。

李　阳：那个法国人？你们吵架了？

黄佳佳：没有。我是在想我们俩以后的事。就要放假了，他要回法国，我要回印尼，以后恐怕很难见面了，不知道还能不能在一起……

李　阳：两个国家离得这么远，在一起是很难啊！

黄佳佳：可是我们相爱，都希望以后能在一起。

李　阳：想开点儿吧。我以前有个女朋友，是我的高中同学。后来她去美国了。去之前，我们也说好要永远在一起的，我还答应等她三年。

黄佳佳：后来怎么样？

李　阳：刚去的时候我们还常常发E-mail、打电话，可是没过多久，她就不和我联系了。最后我们分手了。

黄佳佳：真可惜，怪不得他们说相爱容易相守难呢。

李　阳：距离远了难免会产生问题。

黄佳佳：与其以后痛苦，不如早点儿分手。

李　阳：即使每天在一起也会有矛盾的。爱情就是这样的。你也别想那么多了，船到桥头自然直嘛。

第二十四课　爱情与将来

生词二　New words

1.	站台	zhàntái	（名）	platform	플랫폼.	プラットホーム
2.	对	duì	（量）	*measure word*	짝,쌍.	対
3.	奇怪	qíguài	（形）	strange	이상하다.	おかしい、あやしい
4.	拥抱	yōngbào	（动）	hug, embrace	포옹하다.	抱き合う
5.	亲吻	qīnwěn	（动）	kiss	키스.	キス
6.	表达	biǎodá	（动）	express	표현하다.	表現する
7.	含蓄	hánxù	（形）	implied	쉽게 드러내지 않다.	表に現さない
8.	表现	biǎoxiàn	（动）	behave	나타내다. 표현하다.	示す
9.	式	shì		style	식. 양식.	様式、〜風
10.	勉强	miǎnqiǎng	（形）	reluctant	억지로…하다.	無理に
11.	在乎	zàihu	（动）	care about	…에 달려 있다.	気になる
12.	差异	chāyì	（名）	difference	차이.	違い、差
13.	开放	kāifàng	（形）	open	개방적이다.	開放する

课文二　Text

真是不可思议

（在站台上，丽莎和李阳看到一对夫妻……）

丽　莎：你看那一对夫妻真奇怪！妻子来火车站接丈夫，见面一句话也不说，也没有拥抱、亲吻什么的。难道他们感情不好吗？

李　阳：怎么会呢？感情不好就不会来接他了。

丽　莎：那怎么一点儿也看不出来？

李　阳：这是因为中国人表达感情的方式比较含蓄，不愿意在别人面前表现出来。

丽　莎：这很难理解，爱不是应该表现出来吗？我们见面要拥抱，表示我们很想念对方。

李　阳：这就是中国式的爱情。

丽　莎：我还听说，有的中国夫妻即使没有感情，但是为了孩子，也还勉强生活在一起。

李　阳：对。是有这种事。

丽　莎：既然没有爱，就应该分开。为什么要因为孩子勉强在一起？

李　阳：因为很多夫妻觉得分开的话，会对孩子有不好的影响。

丽　莎：我们法国人不这样，比较在乎感觉，爱就在一起，不爱就分开。孩子们也能理解。

李　阳：这大概就是文化差异吧。

丽　莎：看来差异还真不小。

李　阳：不过现在的年轻人越来越开放。他们看感觉，也愿意表达自己的感情，和以前大不一样了。

第二十四课　爱情与将来

练习　Exercises

一、朗读下面的句子，请注意语音、语调　Read the sentences aloud and pay attention to the tone

1. 唉，还不是因为我的男朋友。
2. 真可惜，怪不得他们说相爱容易相守难呢。
3. 你也别想那么多了，船到桥头自然直嘛！
4. 怎么会呢？感情不好就不会来接他了。
5. 那怎么一点儿也看不出来？
6. 这大概就是文化差异吧。

二、替换练习　Substitution drill

1. 以后恐怕很难见面了。

十年后	已经不记得我
今天	要迟到
家里	没有啤酒

2. <u>距离</u> 远了难免会<u>产生问题</u>。

吃	多	不舒服
年纪	大	生病
孩子	大	不听话

3. 与其以后痛苦，不如早点儿分手。

吵架	分开住
租这间贵的	租这间小点儿的
以后被老师批评	现在多看一会儿书

4. 难道他们感情不好吗？

> 你的手机又被偷了
> 他已经去过学校了
> 你不知道今天要考试

5. 爱不是应该表现出来吗？

> 恋人　　　　在一起
> 服务员　　　很热情
> 我们　　　　八点上班

6. 既然没有爱，就应该分开。

> 来了　　　　　多坐一会儿
> 便宜　　　　　多买一点儿
> 身体不好　　　在家休息

三、根据所给词语完成对话　Accomplish the dialogue according to the given words

1. A：要是这次HSK六级没过怎么办？
   B：_____。（想开点儿吧）

2. A：我真担心他一个人在国外不习惯。
   B：_____。（别想那么多了）

3. A：明天就要比赛了，现在还没决定唱哪首歌。
   B：_____。（船到桥头自然直）

4. A：你怎么不吃？难道你不喜欢吃鱼？
   B：_____。（怎么会呢）

第二十四课　爱情与将来

5. A：除夕晚上，为什么到处都有人放鞭炮？
   B：_____。（中国式的）

6. A：要是明天下雨，你还去旅游吗？
   B：_____。（即使……也……）

四、按照下面的提示复述课文　Recite the text according to the prompt

课文一

1. 黄佳佳为什么看起来不太高兴？她和男朋友吵架了吗？
2. 黄佳佳是哪国人？她的男朋友是哪国人？他们希望以后能在一起吗？
3. 李阳和他的女朋友关系怎么样？后来为什么会分手？
4. 黄佳佳想怎么做？
5. 李阳最后是怎么劝黄佳佳的？

课文二

1. 丽莎在站台上看到了什么？为什么觉得很奇怪？
2. 那对夫妻真的感情不好吗？李阳是怎么解释的？
3. 丽莎能理解吗？法国人见面一般会怎么做？
4. 为什么很多夫妻没有感情还要勉强在一起？
5. 法国人是怎么看待爱情的？
6. 现在的年轻人和以前有什么不一样？

五、根据下面的情景作对话练习　Make a dialog according to the scene

1. 内容：李阳的女朋友要去美国了，李阳担心以后他们不能在一起，哈利让他想开点儿。
   角色：李阳和哈利

2. 内容：明天就要考 HSK 了，金大永怕考试通不过，回国找不到好的工作。丽莎劝他不要想太多。

角色：金大永和丽莎

练习1和2的参考词语：

> 还不是因为　我是在想　恐怕　不知道还能不能……
> 想开点儿吧　真可惜　怪不得　难免　与其……不如……
> 你也别想那么多了　即使……也……　……就是这样的
> 现在……就好了　船到桥头自然直

3. 内容：哈利不能理解中国的孩子周末还要上各种辅导班。他觉得周末应该休息，孩子应该有自己的时间。李阳跟他解释这是中国式的教育。
   角色：哈利和李阳

4. 内容：丽莎不能理解中国的孩子到二十几岁还向父母要钱，结婚的时候父母为他们准备好一切。她觉得孩子应该靠自己独立生活。芳子说这是中国父母的观念。
   角色：丽莎和芳子

练习3和4的参考词语：

> 真奇怪　难道……吗　怎么会……呢　这是因为
> 这很难理解　不是应该……吗　中国式的　我还听说
> 即使……也……　既然……就……　这大概就是
> 差异　看来差异还真不小

六、请你说说　Have a talk

1. 现在有很多跨国婚姻，你有什么看法？你觉得会有哪些问题？该怎么解决？
2. 你觉得"相爱容易相守难"这句话有道理吗？你是怎么看待友情和爱情的？
3. 你们国家的人是怎么表达感情的？你同意为了孩子勉强在一起的做法吗？
4. 你觉得你们国家和中国还有哪些文化方面的差异？请举例说明。

第二十五课

打 工

热身 Warm up

1. 你在中学（大学）学习的时候打过工吗？做什么工作？
2. 你比较喜欢在哪儿打工？你希望工资大概是多少？工作的时间、环境呢？
3. 你去打工或者毕业后找工作的时候，参加过面试吗？怎么样？

生词一 New words

1. 打工	dǎ gōng		do part-time job	아르바이트하다.	アルバイト
2. 兼职	jiānzhí	(动、名)	part-time job	겸직.	パート
3. 打扰	dǎrǎo	(动)	break in on; disturb; interrupt	폐를 끼치다.	邪魔する
4. 尽管	jǐnguǎn	(副)	despite	얼마든지.	遠慮なく
5. 经验	jīngyàn	(名)	experience	경험.	経験
6. 笔译	bǐyì	(名)	written translation	번역하다.	翻訳する
7. 信心	xìnxīn	(名)	confidence	자신.	自信
8. 面试	miànshì	(动)	interview	면접(보다).	面接する

课文一　Text

我听说你们想请一个兼职日语翻译

（芳子想在中国的旅行社打工。她给在旅行社工作的王欣打电话……）

芳　子：喂，王欣吗？我是芳子。能打扰你几分钟吗？

王　欣：哪儿的话，说吧。别说几分钟，就是一天也可以。

芳　子：我听说你们旅行社想请一个兼职日语翻译。你看我行吗？

王　欣：你有做翻译的经验吗？

芳　子：我在日本做过汉语翻译。不过那时候主要是笔译。

王　欣：我们最近接了不少从日本来的旅游团，所以急需口语翻译。

芳　子：也就是说，这份工作主要是把导游的话翻译成日语，或者把游客的话翻译成汉语。对吗？

王　欣：你真聪明，一下子就明白了。那你有信心做好它吗？

芳　子：我来上海学汉语，为的是回日本后能当导游，为去日本旅游的中国人做翻译。所以有机会在你们那儿做兼职，我感到很荣幸。我有信心做好这个工作。

王　欣：我也相信你能行。不过我说行还不够，明天来旅行社面试吧。

芳　子：面试时我该说什么？要注意什么？

王　欣：别紧张。你先做自我介绍，接着会有人用汉语问你几个问题，请你翻译几个句子。对了，你希望我们一个月给你多少钱?

芳　子：我主要是来学习的，你们看着给吧。

生词二　New words

1. 考官	kǎoguān	（名）	interview officer; exam officer	시험 감독관.	試験官
2. 偶然	ǒurán	（形）	by accident	우연하다.	偶然
3. 因此	yīncǐ	（连）	thereby	그래서.	それで、だから
4. 顶呱呱	dǐngguāguā	（形）	excellent	대단히 훌륭하다.	すばらしい
5. 另外	lìngwài	（连）	in addition	이 밖에.	ほかに
6. 活泼	huópō	（形）	active; energetic	활발하다.	活発である、活躍である

课文二　Text

我一下子就喜欢上了汉语

（芳子在旅行社面试时，做自我介绍……）

各位考官，你们好。我叫芳子，从日本来。我学汉语非常偶然。三年前，我听到有人在说汉语，像唱歌似的，很好听，我一下子就喜欢上了汉语。于是开始学汉语，可是越学越发现不在中国学习的话，汉语就很难提高。

因此，一年前我来到了上海。在上海，有的是机会练习汉语，我说得一天比一天好。现在，我的汉语说不上顶呱呱，但也算比较流利吧。所以听说你们旅行社要一个兼职翻译，我想我可以试试。另外，我计划学好汉语后，回国当导游。这份工作正好给我提供一个锻炼的机会。要是我能做，那就再好不过了。最后，我想说，我比较活泼，喜欢交朋友，相信我能做好这份工作。请给我一次机会吧！

练习 Exercises

一、朗读下面的句子，请注意语音、语调 Read the sentences aloud and pay attention to the tone

1. 哪儿的话，说吧。
2. 你看我行吗？
3. 所以有机会在你们那儿做兼职，我感到很荣幸。
4. 我一下子就喜欢上了汉语。
5. 我的汉语说不上顶呱呱，但也算比较流利吧。
6. 相信我能做好这份工作。请给我一次机会吧！

二、替换练习 Substitution drill

1. 哪儿的话，<u>想说什么尽管说</u>。

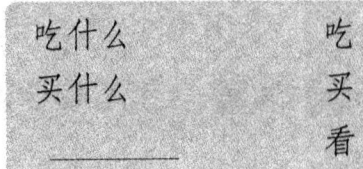

第二十五课 打工

2. A：<u>能打扰你几分钟吗</u>？

   能给我十块钱
   他知道怎么做这道题
   骑自行车能到那个地方

   B：别说<u>几分钟</u>，就是<u>一天</u>也<u>可以</u>。

十块钱	一万块	给
他一个学生	老师	不一定知道
自行车	汽车	到不了

3. <u>我来上海学汉语</u>，为的是<u>回日本后能当导游</u>。

她每天早起晚睡	学好汉语
他早上六点起床	出去锻炼
芳子每天听录音	_____

4. <u>在上海</u>，有的是<u>机会</u> <u>练习汉语</u>。

在公园	椅子	休息
在假期	时间	旅游
他家很大	____	____

5. <u>我的汉语</u>说不上顶呱呱，但也算<u>比较流利</u>吧。

他的成绩	比较好
这件衣服	漂亮
妈妈做的菜	_____

6. 这份工作正好给我提供一个锻炼的机会。

我这儿	有十个苹果
她	来上海学习汉语
我爸爸	_____

三、根据所给词语完成对话 Accomplish the dialog according to the given words

1. A：听说你要参加骑自行车比赛，你行吗？
   B：_____。（有……的经验）

2. A：这个周末你做什么了？
   B：_____。（主要是……）

3. A：这道题怎么做，你现在明白了没有？
   B：刚才老师又说了一遍，_____。（一下子）

4. A：听说你最近在喝减肥茶，有效果吗？
   B：_____。（越……越……）

5. A：最近，上海的天气怎么样？
   B：_____。（一天比一天）

6. A：请问，你要点儿什么？
   B：我要一瓶牛奶，_____。（另外）

四、按照下面的提示复述课文 Recite the text according to the prompt

课文一

1. 芳子为什么打电话给王欣？（她听说……，想问她……）
2. 王欣告诉芳子旅行社需要什么样的翻译？
3. 芳子做过翻译吗？她有信心做好这个工作吗？（在日本时……，主要是……；来上海……，为的是……；……有信心）

4. 王欣让芳子明天做什么？（面试；先……，接着……）

5. 芳子希望一个月拿多少钱？

<h3 style="text-align:center">课文二</h3>

1. 芳子为什么学汉语？（偶然；像……似的；一下子）

2. 她为什么来中国学汉语？（越……越……；……的话，……就……）

3. 她什么时候来上海的？来上海后汉语怎么样？（有的是……；一天比一天；……说不上……，但也算……）

4. 芳子为什么想做兼职翻译？（试试；另外；正好；再……不过了）

五、根据下面的情景作对话练习　Make a dialog according to the scene

1. 内容：李阳的弟弟想请个英语辅导老师，哈利听说以后，跟李阳说他想做这份兼职工作。李阳问了他几个问题。最后说，他同意还不够，哈利还得通过他阿姨的面试。

   角色：李阳和哈利

2. 内容：丽莎听说一对中国夫妻有事外出，只留孩子一个人在家。妈妈不放心，想请个保姆（bǎomǔ；babysitter）。丽莎很喜欢孩子，在法国也兼职做过保姆。她想做这份工作，就打电话给那位妈妈。妈妈说打电话还不够，她不放心，要亲眼看看丽莎。

   角色：中国妈妈和丽莎

练习 1 和 2 的参考词语：

```
哪儿的话    想……尽管……    别说……，就是……也……
听说  兼职  你看我行吗？    有……的经验  急需  面试
也就是说  把……V 成……    有信心……    主要是……
……为的是……    ……还不够  先……接着……    一下子
```

3. 内容：你想在一家中国公司做翻译。公司经理让你做自我介绍（包括为什么会学汉语，为什么想做这份工作以及有没有信心做好）。

4. 内容：丽莎/金大永第一次参加"汉语角"活动。同学们要她/他做自我介绍（包括为什么会学汉语，为什么来"汉语角"，在"汉语角"里有什么希望和要求）。

角色：丽莎/金大永

练习3和4的参考词语：

> 我叫…… 从……来 偶然 像……似的 一下子
> 于是 越……越…… （要是）……的话，……就……
> 因此 ……，有的是…… 一天比一天 顶呱呱 所以
> ……说不上……，但也算…… 试试 另外 计划
> 正好 给……提供 再……不过了 相信……
> 请给我一次……吧

六、请你说说 Have a talk

1. 请谈谈你的打工经历。（什么时候开始的？做过哪些工作？换过工作吗？为什么换等等）
2. 如果你中学（大学）的时候打过工，请告诉大家，你打工为了什么？如果你没打过工，能告诉大家你身边在打工的朋友又常常为了什么打工？
3. 你爸爸妈妈同意你打工吗？为什么同意/不同意？
4. 从小到大，你一定参加过很多面试，哪一次面试你最难忘？

▶ 活动

参照今天学习的课文，几个同学自由组合，模拟面试情景，并让同学猜一下面试的人想做什么工作，可以做什么工作。

第二十六课

旅行中的烦心事

热身 Warm up

1. 在你们国家，人们使用最多的交通工具是什么？
2. 你坐飞机、火车等交通工具时，有没有遇到过特别的事？后来怎么解决的？
3. 在你们国家，做导游工作的人多吗？辛苦吗？你有没有想过毕业回国后做导游？为什么？

生词一 New words

1. 抱歉	bàoqiàn	（动）	be sorry; feel apologetic	죄송합니다.	申し分けない
2. 故障	gùzhàng	（名）	malfuntion	고장.	故障
3. 准时	zhǔnshí	（形）	on time	정시에.	時間どおりに
4. 检修	jiǎnxiū	（动）	overhaul	점검 수리하다.	検査する、修理する
5. 至少	zhìshǎo	（副）	at least	적어도.	少なくとも
6. 轻松	qīngsōng	（形）	easy	가볍다. 수월하다.	気楽である

| 7. 介意 | jièyì | （动） | mind | 마음에 두다. | 気になる |
| 8. 歉意 | qiànyì | （名） | regret | 미안한 마음. | すまない気持ち |

专 名

| 1. 云南 | Yúnnán | Yunnan | 운남성. | 雲南省 |
| 2. 昆明 | Kūnmíng | Kunming | 곤명. | 昆明 |

课文一　　Text

可谁知道飞机晚点了

（芳子跟王欣一起带旅游团去云南昆明玩儿。可是，他们在机场就发生了一件事……）

王　欣：各位游客，我很抱歉地通知大家，由于飞机有故障，不能准时起飞了。

游客甲：不会吧？那什么时候可以走？

王　欣：这很难说，要看什么时候修好了。机场工作人员说飞机需要检修，最快也要两小时后。

游客乙：现在都八点多了，两小时后就十点多了。从上海到昆明至少要飞三个小时吧？到宾馆都快两点了，明天一大早就要去玩儿，这一晚上才能睡几个小时呀？

王　欣：先生，说真的，谁都不想遇到这种事。可现在既然发生了，也只有等了。您说的休息问题请放心，我正跟昆明的旅

第二十六课　旅行中的烦心事

　　　　行社联系，看看明天怎么安排让大家既轻松又高兴。

游客甲：我们知道这不是你的错，只是刚才听说睡觉的时间一下子少了许多，难免有点儿不高兴。别介意。

王　欣：先生，我知道。我正联系呢，一定能让你们休息好。

芳　子：对，大家别着急。看，机场为了表示歉意，给我们送点心、饮料来了。

　　　　（过了一会儿）

王　欣：游客们，请注意。原来安排明天游三个景点，可谁知道飞机晚点了，为了能让大家好好儿休息，明天我们晚两个小时起床，景点嘛，就只能少安排一个了。

生词二　New words

1. 衷心	zhōngxīn	（形）	sincere	충심의.	こころから
2. 祝愿	zhùyuàn	（动）	wish	기원하다.	願いを込めて祈る
3. 允许	yǔnxǔ	（动）	permit	허락하다.	許可する
4. 地陪	dìpéi	（名）	local dragoman	현지 관광 안내원.	現地のガイトさん
5. 陪同	péitóng	（动）	accompany	모시고 다니다.	案内する、お供をする
6. 满足	mǎnzú	（动）	satisfied	만족시키다.	満足させる
7. 行程	xíngchéng	（名）	journey	여정.	スケジュール
8. 叫早	jiào zǎo		awaken; morning call	모닝콜.	モーニングコール

209

课文二 Text

衷心祝愿大家在昆明玩儿得愉快

（王欣、芳子他们到了昆明，当地旅行社的导游来接他们……）

各位游客，你们好！首先，请允许我代表旅行社欢迎各位的到来。我叫李莉，是你们在昆明的地陪。这位是司机小王。大家在昆明这几天，由我们俩陪同。很荣幸能有机会为大家服务。各位有什么要求，请告诉我们，我们会尽量满足的。衷心祝愿大家在昆明玩儿得愉快！

由于飞机故障的原因，大家比原定计划晚到了几小时，都累坏了吧？待会儿到了宾馆，早点儿休息。最后，我说一下明天的行程安排。上午九点叫早，十点出发，先去爬山。十二点在山上的饭店吃饭。下午三点下山，去植物园参观。七点回宾馆用晚餐，结束一天的行程。这里，我要提醒的是，明天爬的山挺高的，各位最好穿舒服点儿的鞋。

练习 Exercises

一、朗读下面的句子，请注意语音、语调 Read the sentences aloud and pay attention to the tone

1. 我很抱歉地通知大家，由于飞机有故障，不能准时起飞了。

第二十六课　旅行中的烦心事

2. 从上海到昆明至少要飞三个小时吧？
3. 这一晚上才能睡几个小时呀？
4. 明天我们晚两个小时起床，景点嘛，就只能少安排一个了。
5. 请允许我代表旅行社欢迎各位的到来。
6. 由于飞机故障的原因，大家比原定计划晚到了几小时，都累坏了吧？

二、替换练习　Substitution drill

1. <u>从上海到昆明</u>至少<u>要飞三个小时</u>。

从七点到八点	要读五遍课文
做这个菜	用两斤苹果
来这里学习的人	____

2. 谁都不想<u>遇到这种事</u>。

   | 上课迟到 |
   | 考试不及格 |
   | ____ |

3. 可谁知道<u>飞机晚点了</u>。

   | 他今天没来上课 |
   | 这个钱包这么贵 |
   | ____ |

4. 很荣幸<u>能有机会为大家服务</u>。

   | 能在贵公司工作 |
   | 代表学校在这里欢迎你们 |
   | ____ |

5. 大家比原定计划 晚 到了几小时，累坏了吧？

你今年	去年	多	挣	十万	高兴
女朋友	你想象的	早	来	一小时	乐
公共汽车	原来	__	来	_____	

6. 我要提醒的是，明天爬的山挺高的，各位最好穿舒服点儿的鞋。

我要指出	考试成绩好并不代表你的汉语水平高
幸运（fortunately）	这次车祸大家都没事
我觉得高兴	_____

三、根据所给词语完成对话 Accomplish the dialog according to the given words

1. A：从昆明来的火车不是八点到上海吗？怎么八点半了还没到？
   B：_____。（很抱歉地……；由于）

2. A：最近丽莎好像很忙，你说这个周末她能来参加晚会吗？
   B：_____。（难说）

3. A：你这几天动不动就生气，是我做错什么了吗？
   B：你_____，我生气是因为_____。（介意）

4. A：对不起，我想再要一条被子，可以给我送过来吗？
   B：_____。（会……的）

5. A：今天晚饭谁做，你们商量好了没有？
   B：_____。（由……V）

6. A：芳子，这次带旅游团出去感觉怎么样？
   B：_____。（挺……的）

四、按照下面的提示复述课文　Recite the text according to the prompt

课文一

1. 芳子跟王欣一起做什么？可结果在机场遇到什么了？
2. 机场人员告诉他们什么时候能起飞？
3. 游客听说两小时后才能起飞，说了什么？（从……到……至少……；到宾馆……；明天……；一晚上……）
4. 王欣安慰他们，说了些什么？（联系；既……又……；一定让……）
5. 王欣最后怎么解决这件事的？

课文二

1. 李莉代表……欢迎……，由……陪同。很荣幸……
2. 她希望各位……，请……，他们会……。衷心祝愿……
3. 她说由于……，大家……，待会儿到了宾馆……
4. 明天的行程安排是……

五、根据下面的情景作对话练习　Make a dialog according to the scene

1. 内容：李阳和芳子去福州旅游，他们坐的火车是从北京开过来的。火车票上写着晚上八点从上海出发，可到了八点半，火车还没来。他们问了工作人员才知道，因为北京下暴雨晚点了。李阳只好跟他在福州的朋友联系，重新安排第二天的行程。

   角色：李阳和芳子

2. 内容：丽莎/哈利坐飞机去北京。在机场听广播说，因为天气原因，飞机不能准时起飞。她/他听后，和她/他在北京的朋友联系，改变第二天的行程。

   角色：丽莎/哈利和她/他的朋友

练习1和2的参考词语：

发生 很抱歉地…… 由于 准时 难说 要看……
最快要…… 需要 都……了 从……到……
至少…… ……才能…… 呀? 说真的 谁都不想……
既然……也…… 放心 正……呢 联系 既……又……
让…… ……只是…… 一下子 难免 有点儿……
别介意 为了 谁知道

3. 内容：一个中国旅行团刚到你们国家。你是导游，现在你和游客在去宾馆的汽车上（现在是19:00）。请根据下面的表格介绍当天（10月6日）晚上和第二天的安排：

日 期	行 程
10月6日	机场—宾馆
10月7日	7:00 叫早 7:30 早餐（宾馆餐厅） 8:30 出发，参观博物馆 12:00 午餐（王子饭店） 13:00 参观野生动物园 17:30 晚餐（海鲜馆） 19:00 回宾馆

4. 内容：你是导游，准备明天带团爬山。上山前告诉游客该注意些什么。

（1）路程：从山脚到半山腰（大约800米高）

（2）穿登山鞋

（3）带雨衣、水、食品

（4）爬山过程中，听导游的安排

练习 3 和 4 的参考词语：

> 允许　代表……　欢迎　地陪　由……V　很荣幸……
> 为……服务　有机会　会……的　尽量　由于……的原因
> ……比……早／晚／多／少+V+……　……坏了　待会儿
> 早点儿　我说一下明天的安排　结束　……的是
> 挺……的　最好

六、请你说说　Have a talk

1. 你坐飞机时有没有发生过拿错行李的事？后来怎么解决的？请谈谈你坐飞机时碰到的有意思的事。
2. 你有没有碰到过因为飞机没准时起飞，或没准时到达目的地而耽误行程的情况？后来怎么样了？
3. 在你们国家，人们喜欢跟旅游团出去旅游吗？导游第一次跟大家见面，一般会说些什么？
4. 如果有朋友来你们国家旅游，你常常自己带他玩儿，还是找旅行社帮忙？为什么？
5. 有朋友要来你的家乡旅游，请你给他设计一个五天四夜的行程安排，包括旅游景点、活动安排、用餐地点和交通工具等。

▶**活动**

几个同学（最好来自同一国家）自由组合，模拟成立旅行社，设计旅游线路、行程安排等（可参照第六题的第五个话题练习），向同学们做一个地方的旅游广告并接受同学的提问。

第二十七课

中式婚礼

热身 Warm up

1. 在你们国家，人们常常在哪儿结婚？一般是什么方式？
2. 在你们国家，要结婚的恋人一般怎么请大家参加他们的婚礼？婚礼上有哪些庆祝活动？请谈谈你们国家的婚礼经过。
3. 你参加过中国人的婚礼吗？你知道中国人的婚礼一般布置成什么颜色吗？和你们国家一样吗？如果不一样，你们国家的婚礼又是什么颜色的？

生词一 New words

1. 正式	zhèngshì	（形）	formal	정식의.	正式
2. 庆祝	qìngzhù	（动）	celebrate	경축하다.	祝う
3. 浪漫	làngmàn	（形）	romantic	낭만적이다.	ロマンチックである
4. 一辈子	yíbèizi	（名）	whole life	한평생.	一生
5. 多亏	duōkuī	（动）	luckily; fortunately	다행히.	～のおかげで

第二十七课　中式婚礼

6. 交杯酒	jiāobēijiǔ	（名）	Hand over the glass wine/arm corss toast	합환주.	(婚礼のとき の)夫婦の固 めの杯
7. 敬酒	jìng jiǔ		propose a toast	술을 권하다.	酒をすすめる
8. 捉弄	zhuōnòng	（动）	make fun of; tease	굴리다. 골리다.	人をこまらせる

课文一　Text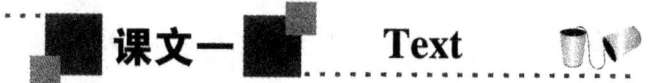

中国人的正式婚礼可没那么简单

（王欣的旅游团里有一对刚结婚的夫妻。到昆明的第三天晚上，王欣决定给他们开个晚会庆祝一下……）

芳　子：王欣，你真行！墙上贴着红双喜字，各种颜色的气球挂满了大厅，桌上还摆着鲜花和蜡烛，真浪漫！

王　欣：听你这么一说，我就放心了。结婚可是一辈子的事，我就怕做不好。这次多亏有宾馆服务员帮忙。

芳　子：我不明白的是，小张他们为什么跟旅游团出来？结婚不是该在家里和家人、朋友一起庆祝吗？

王　欣：现在年轻人都喜欢旅行结婚，既浪漫又方便。我们给他们开个晚会，也就是大家热闹一下。中国人的正式婚礼可没那么简单。

芳　子：是吗？那正式婚礼什么样？

王　欣：一般说来，中国人结婚可不能随随便便的，怎么也得选个好日子。到结婚那天，新郎新娘先打扮得漂漂亮亮的，在饭店门口等客人来。

芳　子：然后呢？

王　欣：然后喝交杯酒，再一桌一桌敬酒。亲朋好友也不放过这么难得的机会，想了各种方法捉弄他们。比如让他们一起吃一个苹果什么的。

芳　子：听着很有意思呢。等一下我们也捉弄捉弄他们。

王　欣：看把你高兴的。别忘了他们敬的酒你可得喝！

芳　子：我一般不喝酒，但是今天高兴，就喝一点儿吧。看，新郎新娘来了！恭喜恭喜！

生词二　New words

1. 收获	shōuhuò	（名）	gain; harvest	소득.수확하다.	収穫
2. 以……为主	yǐ…wéizhǔ		mainly	~을 위주로 하다.	～を主にする
3. 郎才女貌	lángcái nǚmào		handsome boy and beautiful girl; the ideal couple	남녀가 서로 잘 어울리다.	男は才人、女は美人で似合うカップル
4. 捧	pěng	（动）	hold in both hands	두 손으로 받쳐 들다.	両手で持つ
5. 礼服	lǐfú	（名）	wedding dress	예복.	ウエディングドレス
6. 手套	shǒutào	（名）	gloves	장갑.	手袋
7. 喜气	xǐqì	（名）	cheerful atmosphere	기쁨.즐거운 분위기.	めでたいさま

课文二 Text

中国人的婚礼是红色的

（芳子从昆明回上海后，一天，她碰到哈利……）

哈　利：这不是导游小姐吗？去上班？

芳　子：你又拿我开玩笑！我刚跟旅游团从云南回来。

哈　利：这么快就带团出去了？有什么收获？

芳　子：主要是王欣带，我以学习为主。你知道吗？我们团还有一对旅行结婚的恋人呢！

哈　利：你们给他们办婚礼了？

芳　子：我们就开了个晚会庆祝了一下。不过，要不是这次带团出去，我还不知道中国人的婚礼这么有意思。

哈　利：怎么有意思了？

芳　子：你先看照片……这就是新郎、新娘。

哈　利：真是郎才女貌啊！咦？新娘怎么穿红旗袍、红皮鞋，头上戴红花，手里还捧红玫瑰？

芳　子：不好看吗？我倒觉得这样打扮，要多美有多美！

哈　利：不是不漂亮，只是她的打扮跟我们那儿不一样。美国的新娘不像中国的，穿得一身红，她们一般穿白礼服、白皮鞋，戴白手套，手里的花也是白色的。

芳　子：那是因为在中国人看来，红色代表喜气。有喜事都喜欢用红色。你没发现晚会的布置也是一片红吗？又是红蜡烛，又是红喜字的。

哈　利：这么说，中国人的婚礼是红色的，而美国人的是白色的。对吧？

练习　Exercises

一、朗读下面的句子，请注意语音、语调 Read the sentences aloud and pay attention to the tone

1. 结婚不是该在家里和家人、朋友一起庆祝吗？
2. 中国人的正式婚礼可没那么简单。
3. 听着很有意思呢。等一下我们也捉弄捉弄他们。
4. 这不是导游小姐吗？去上班？
5. 你又拿我开玩笑！
6. 这么快就带团出去了？有什么收获？

二、替换练习 Substitution drill

1. <u>这次多亏有宾馆服务员帮忙</u>。

这次考试	你帮我复习
这次旅游	你做翻译
昨天晚上	_____

第二十七课 中式婚礼

2. 一般说来，<u>中国人结婚</u>可不能<u>随随便便</u>的，怎么也得<u>选个好日子</u>。

新娘给你敬酒	不喝	喝一口
买东西	只看样子	考虑有没有用
感冒发烧	不在乎	_____

3. A：<u>听着很有意思呢</u>。等一下我们也捉弄捉弄他们。

| 最近我忙着复习，已经好几天没睡觉了。 |
| 李阳怎么还没来？不是说他八点就到的吗？ |
| 我的自行车又被偷了，这是第三次了。 |

　　B：看把你 <u>高兴</u> 的。

| 累 |
| 急 |
| _____ |

4. 我一般<u>不喝酒</u>，但是<u>今天高兴</u>，就<u>喝一点儿</u>吧。

不吃糖	这是喜糖	吃一块
中午不睡觉	今天实在太累	睡一会儿
不喝咖啡	_____	_____

5. 要不是这次带团出去，我还<u>不知道中国人的婚礼这么有意思</u>。

小李告诉我	不知道你就要出国了
他打电话给我	在家睡觉呢
_____	在自己的国家读大学呢

6. 我倒觉得这样打扮，要多美有多美！

黄山的风景	漂亮	漂亮
我听了他的话	高兴	高兴
我觉得这次考试	___	___

三、根据所给词语完成对话 Accomplish the dialog according to the given words

1. A：先生，我想你再吃三天药，这病应该就好了。
   B：_____。（听你这么一说，我就……）

2. A：听说去你们学校很方便，只要坐一辆车就到了。
   B：_____。（……可没那么……）

3. A：你们在中国的学校都学些什么？
   B：_____。（以……为主）

4. A：你为什么不喜欢游泳？
   B：_____。（不是……，只是……）

5. A：昨天的生日晚会怎么样？
   B：_____。（又是……，又是……）

6. A：刚才金大永打电话说，他来这儿的路上遇到堵车了。
   B：_____。（这么说）

四、按照下面的提示复述课文 Recite the text according to the prompt

课文一

1. 王欣为什么要在宾馆开晚会？
2. 晚会布置得怎么样？
3. 现代年轻人都喜欢什么？
4. 中国人结婚，婚礼上一般做些什么？在庆祝晚会上，芳子又打算做什么？
5. 王欣提醒她什么事？芳子又决定怎么做？

第二十七课 中式婚礼

课文二

1. 芳子从云南回来后告诉哈利有什么收获？
2. 哈利看了照片后，觉得怎么样？
3. 中国人的婚礼跟美国人的一样吗？有什么不同？
4. 中国人的婚礼为什么都是红色的？

五、根据下面的情景作对话练习 Make a dialog according to the scene

1. 内容：你去参加中国朋友的婚礼。可你不知道中国人的婚礼是什么样子的，一位朋友告诉你中国人结婚时的习惯。

   角色：你和朋友

2. 内容：中秋节（农历八月十五）到了。有中国朋友邀请你参加聚会，并告诉你中国人的中秋节一般怎么过。

   （中秋节一家人一般聚在一起吃团圆饭，看月亮、吃月饼等等，有些地方还点灯笼。）

   角色：你和朋友

练习1和2的参考词语：

> 地方+V着+……   真……   听你这么一说，我就……
> 一辈子   多亏有……   ……的是，……   既……又……
> 也就是   可没那么……   说来听听   一般说来
> ……可不能……，怎么也得……   先……然后……
> 不放过   难得   比如说……什么的   看把你……的
> 别忘了……   一般……，但是……，就……

3. 内容：李阳和丽莎去周庄旅游。在当地的饭店吃饭时，饭店的一个大厅里正好有人结婚。丽莎看了婚礼后，发现和法国的婚礼不一样。李阳告诉她中西方婚礼的不同。

   角色：李阳和丽莎

4. 内容：哈利看黄佳佳在中国过年时的照片。他发现中国人过年时家里的布置跟美国人的不一样。黄佳佳告诉他，过年时贴红色的对联，点红色的灯笼，把房间布置成红色的。这是中国人的习惯。

角色：哈利和黄佳佳

练习3和4的参考词语：

> 不是……吗？　拿……开玩笑　从……V　收获
> 主要是……　以……为主　要不是……，还……
> 有意思　真是……　郎才女貌　要多……有多……
> 不是……，只是……　在……看来　代表
> 又是……，又是……　这么说，……

六、请你说说　Have a talk

1. 在你们国家，结婚时有什么跟中国不一样的习俗（xísú; custom）？跟大家说说。
2. 请你说说你喜欢什么样的婚礼？
3. 在你们国家，新郎新娘一般打扮成什么样子？请给大家描述（miáoshù; describe）一下。（最好有照片）
4. 你们国家的婚礼从礼服、婚礼布置等方面看，一般是什么颜色的？

▶活动

几个同学（最好来自同一国家）自由成组，模拟婚礼现场（xiànchǎng; scene），设计婚礼上人们说的祝福话以及新郎新娘的活动，向同学们表演一下你们国家的婚礼。

第二十八课

假期安排

热身 Warm up

1. 又快到假期了。你有没有想过这个假期怎么过？说来听听。
2. 在假期里，你觉得除了旅游以外，还有什么事值得做的？大家一起商量商量。
3. 你去旅游以前都会做哪些准备工作？给大家介绍介绍。

生词一 New words

1. 眼看	yǎnkàn	（副）	soon; in a moment	곧.	もうすぐ
2. 闲	xián	（形）	idle; unoccupied	한가하다.	暇である
3. 考察	kǎochá	（动）	investigate	현지 조사하다.	調査する
4. 高原	gāoyuán	（名）	highland	고원.	高原
5. 充实	chōngshí	（形）	enriched	풍부하다.	充実している
6. 招兵买马	zhāo bīng mǎi mǎ		recruit followers	인원을 조직 확충하다.	人を集めて勢力を張るたとえ

| 7. 老家 | lǎojiā | （名） | hometown | 고향. | 故郷 |

专 名

1. 纽约	Niǔyuē	New York	뉴욕.	ニューヨーク
2. 青海	Qīnghǎi	Qinghai	청해성(省)	青海
3. 西藏	Xīzàng	Tibet	서장(중국 지명)	チベット

课文一　Text

这个假期你们打算怎么过

（快到假期了，哈利、黄佳佳和丽莎一起讨论假期的安排……）

哈　利：时间过得真快，假期眼看就要到了，这个假期你们打算怎么过？

黄佳佳：一年没见到家人了，怪想他们的，所以一放假我就回国。当然，回去后也不闲着，在家好好儿复习，准备HSK。

丽　莎：我不打算回国了。李阳他们组织了一个环境保护考察团，去西北考察，我报名了。去考察最少也得三个星期，回来后估计没时间回去了。

哈　利：我也不回了。过几天有纽约教师团来中国，他们从上海出发去青海、西藏考察，我要给他们做翻译。

丽　莎：要做翻译？真有你的！

哈　利：翻译倒不是问题，问题是去的地方都是高原，我担心会有高原反应。这几天正考虑准备些什么。

黄佳佳：还有谁不回国？我知道芳子不回，要继续做兼职，她觉得这样挺充实的。

丽　莎：金大永也不回。一个月前他就计划去黄山玩儿，还成立了一个什么好汉队，就是现在队里除了他没别人，正招兵买马呢。

哈　利：不知道唐老师假期做什么？

丽　莎：我问过，他要回老家，他父母年纪大了，希望孩子能多陪陪他们。

哈　利：丽莎，好像没有你不知道的事儿。

生词二　New words

1. 常用	chángyòng		in common use	늘 사용하는.	常用
2. 防	fáng	（动）	prevent	막다.	防ぐ
3. 晕车	yūn chē		carsickness	멀미하다.	車に酔う
4. 红药水	hóngyàoshuǐ	（名）	mercurochrome	머큐로크롬.	マーキュロクロム水溶液
5. 体温计	tǐwēnjì	（名）	thermometer	체온계.	体温計
6. 创可贴	chuàngkětiē	（名）	paste	반창고.	バンドエイド
7. 一旦	yídàn	（副）	once	일단 …한다면.	いったん
8. 症状	zhèngzhuàng	（名）	symptom	증상.	症状

9. 装备	zhuāngbèi	（名）	equipment	장비.	装備
10. 乱买一气	luànmǎiyíqì		squander	(시간,돈 따위를) 낭비하다.	やたらに買い物をする
11. 屋脊	wūjǐ	（名）	fastigium	가장 높은 곳.	屋根
12. 气压	qìyā	（名）	air pressure	기압.	気圧
13. 干燥	gānzào	（形）	dry	건조하다.	乾燥している
14. 辐射	fúshè	（动）	radiate	복사하다.	輻射
15. 紫外线	zǐwàixiàn	（名）	ultraviolet radiation	자외선.	紫外線
16. 温差	wēnchā	（名）	difference in temperature	일교차.	温差

专 名

青藏高原	Qīngzàng Gāoyuán	청장고원.	青海・チベット高原

课文二　Text

原来你在准备去西藏的行李呀

（李阳听说哈利要去西藏，告诉他去那儿该准备些什么……）

哈利，我说最近怎么老见不着你，原来你在准备去西藏的行李呀。准备好了没？我要提醒你，进藏前要根据身体情况准备些常用药，像防高原反应、防晕车的，还有红药水、体温计、创可贴什么的。感冒药也是必备的。你一旦出现头疼、咳嗽等症状，就要马上吃药。

第二十八课 假期安排

关于旅游装备，要我说呀，千万别乱买一气，一定要考虑当地的气候和环境，咱们能省还是要省的。青藏高原有"世界屋脊"之称，那儿气压低，多风干燥，日光辐射强。夏天去，除了带上必需的生活用品外，还要带好防雨、防紫外线、防蚊用品，并准备一件厚衣服。西藏夏天日夜温差大，早晚温度低，要注意保暖。差不多了吧，我能想到的就这些！

一、朗读下面的句子，请注意语音、语调 Read the sentences aloud and pay attention to the tone

1. 假期眼看就要到了。
2. 要做翻译？真有你的！
3. 就是现在队里除了他没别人，正招兵买马呢。
4. 哈利，我说最近怎么老见不着你，原来你在准备去西藏的行李呀。
5. 关于旅游装备，要我说呀，千万别乱买一气。
6. 差不多了吧，我能想到的就这些！

二、替换练习 Substitution drill

1. <u>去考察</u>最少也得<u>三个星期</u>。

坐飞机去云南	三个半小时
这次旅行	花四千块钱
这件衣服	_____

2. 翻译倒不是问题，问题是去的地方都是高原。

```
钱         没时间出去玩儿
发音       写汉字有点儿难
买车       _____
```

3. 好像没有你不知道的事儿。

```
不喜欢的东西
没去过的地方
_____
```

4. 我说最近怎么老见不着你，原来你在准备去西藏的行李呀。

```
今天      这么冷        下雪了
他今天    这么高兴      他女朋友来了
同学们    都在复习      _____
```

5. 你一旦出现头疼、咳嗽等症状，就要马上吃药。

```
他        有什么新情况    要告诉大夫
这条路    发生车祸        会引起 (yǐnqǐ; arouse) 堵车
我女儿    考上那个大学    _____
```

6. 咱们能省还是要省的。

```
你        休息            要休息
大家      多吃点儿        要多吃点儿
你        早点儿来        _____
```

第二十八课　假期安排

三、根据所给词语完成对话　Accomplish the dialogue according to the given words

1. A：_____？（眼看）
   B：这个周末我打算去杭州旅游。

2. A：你最近怎么一直不太高兴？
   B：我这次考试考得不好，_____。（怪……的）

3. A：我昨天参加了写汉字比赛，得了第一。
   B：_____！（真有你的）

4. A：咱们什么时候去北京比较好呢？
   B：_____。（要我说呀）

5. A：你看，我昨天又买了四件衣服、两条裤子和三双鞋。
   B：_____。（乱买一气）

6. A：你听说过青藏高原吗？
   B：_____。（有……之称）

四、按照下面的提示复述课文　Recite the text according to the prompt

课文一

1. 哈利、黄佳佳和丽莎在做什么？
2. 黄佳佳的假期打算是什么？
3. 丽莎跟谁去西北考察？（……组织……；报名；……最少也得……）
4. 哈利要去做什么？他担心什么问题？
5. 芳子和金大永假期做什么？
6. 谁知道唐老师的假期打算？唐老师计划假期做什么？

课文二

1. 李阳最近为什么常常见不到哈利？
2. 他提醒哈利进藏前要准备什么？
3. 关于旅游装备，李阳有什么建议？（千万别……；一定要……；要带好……）
4. 夏天去西藏为什么要准备一件厚衣服？

五、根据下面的情景作对话练习 Make a dialog according to the scene

1. 内容：快到10月1号了，这是中国的"黄金周"。大家一起讨论这一周怎么过。（有的同学去黄山旅游；有的同学准备回国；有的同学要陪来上海玩儿的姐姐逛街；还有的同学打算好好儿复习，准备HSK。）

   角色：几个同学

2. 内容：丽莎和哈利商量这个周末怎么过。丽莎原来打算去厦门，后来发现去厦门最少也得五天，于是决定不去；哈利建议去南京，只要两天。不过就他们两个人去，太少了。他们考虑多叫几个人去。

   角色：丽莎和哈利

练习1和2的参考词语：

> V得真……　眼看　打算怎么过　怪……的
> 一……就……　……也不闲着　准备　组织
> ……最少也得……　估计　从……出发　真有你的
> ……倒不是问题，问题是……　担心　正考虑……
> 充实　除了　正……呢　招兵买马　不知道……
> 希望　好像没有你……

3. 内容：你是导游，带团去海边玩儿三天，出发前告诉大家应该准备：

  （1）治拉肚子的药（要吃海鲜）

  （2）感冒药

  （3）游泳用具（游泳衣、拖鞋（tuōxié; slippers）、浴巾（yùjīn; bath towel）等）

  （4）太阳镜（日光辐射强）和防晒霜（fángshàishuāng; sunblocking cream）（防紫外线）

  （5）厚衣服（日夜温差大）

  （6）雨伞（可能会下雨）

角色：导游

4. 内容：有中国朋友要去你们国家很有名的地方旅游。你告诉他应该准备些什么，不用准备什么。那儿天气情况怎么样，该注意些什么。

角色：你和中国朋友

练习3和4的参考词语：

> 我说……怎么……，原来……　提醒　根据　像……等
> 防……　必备　一旦……就……　关于　要我说呀
> 千万别……　乱买一气　考虑　能……还是要……
> 有……之称　除了……外，还……　带好　要注意
> 就这样吧　能……的就这些

六、请你说说　Have a talk

1. 这个学期快结束了，有些同学也结束在中国的学习要回国了。请大家谈谈回国（毕业）后有什么打算。

2. 你们国家的大中小学生在假期里一般做什么？已经工作的又是怎么安排假期的？

3. 你去外地旅游,一般会准备些什么?有什么特别要注意的地方吗?向大家介绍介绍。

4. 如果有朋友要去参加考试。请你告诉他/她考试前一个晚上,一般要注意些什么?该准备些什么东西进考场?

▶ 活动

几个同学自由成组,分组调查(diàochá; survey)中国的学生一般怎么过假期。课上每组派一个代表向全班同学报告调查结果。最后大家一起讨论哪种假期生活最有意思。

第二十九课

理想的职业

热身 Warm up

1. 在你们国家，大学生和研究生毕业后找工作容易吗？一般都喜欢找什么工作？
2. 在你们国家，现在什么专业的毕业生比较容易找到好工作？你们觉得什么工作比较有意思？
3. 你希望你的生活是什么样的？你觉得生活中什么最重要？

生词一 New words

1. 理想	lǐxiǎng	（形）	ideal	이상.	理想的である
2. 面临	miànlín	（动）	face; be confronted with	직면하다.	直面する
3. 基础	jīchǔ	（名）	basis	기초.	基礎
4. 分公司	fēn gōngsī		subsidiary company	(기업체의)지사.	支社
5. 标准	biāozhǔn	（名）	standard; criterion	기준. 잣대.	基準
6. 挑战性	tiǎozhànxìng	（名）	challenge	도전성.	挑戦的である

7. 待遇	dàiyù	(名)	treatment	대우.	待遇
8. 升职	shēng zhí	(动)	promote	승진하다.	昇進
9. 从事	cóngshì	(动)	engage in; undertake	종사하다.	携わる
10. 交流	jiāoliú	(动)	intercourse	교류하다.	交流する

你们的理想职业是什么

（在一次班级讨论课上……）

唐　华：快毕业了，很多同学要回国了！我想大家回国后很快会面临一个问题，那就是找工作。大家有没有想过以后找什么样的工作？你们的理想职业是什么？

芳　子：我计划在这儿学两年汉语，学完后回国做导游，为去日本旅游的中国人做翻译。我现在在旅行社做兼职，就是为以后打基础。

金大永：原来是这样。我还以为你没钱了呢！

唐　华：金大永，别开玩笑了。说说你对职业的看法吧！

金大永：好。现在不是很多韩国公司在上海有分公司吗？我希望以后在这样的韩国公司工作。我喜欢上海，如果能在上海工作，我就觉得非常理想。

第二十九课 理想的职业

丽　莎：那你选择职业的标准是什么？只要是韩国公司就可以吗？

金大永：怎么可能？当然希望是有挑战性的、待遇高的、升职机会比较多的。要是我30岁就当经理了，那该多好啊！

丽　莎：你呀！还没进公司呢就想当经理了。我心中的理想职业跟你们不一样。我想学好汉语后，从事法国与中国的文化交流工作。不过说是一回事，做又是另一回事。因为学好汉语不太容易，就拿汉字来说，写汉字实在太难了。

生词二 New words

1.	打断	dǎduàn	（动）	break; interrupt	(남의 말이나 행동을)끊다.	(人の話な)さえぎる
2.	话题	huàtí	（名）	topic	화제.	話題
3.	关键	guānjiàn	（形）	key; important	가장 중요한.	かなめ
4.	劲头	jìntóu	（名）	energy; spirit	힘. 열정.	意欲
5.	充满	chōngmǎn	（动）	full of	충만하다.	満ち溢れる
6.	乐观	lèguān	（形）	optimistic	낙관적이다.	楽観的である
7.	人生	rénshēng	（名）	life	인생.	人生
8.	意义	yìyì	（名）	meaning	의의.	意義
9.	社会	shèhuì	（名）	society	사회.	社会
10.	流行	liúxíng	（动）	prevail	유행하다.	流行する
11.	拼命	pīn mìng	（动、副）	at full spirit; desperately	기를 쓰다.	命かけて

课文二　Text

你觉得什么最重要

（同学们谈职业谈得正高兴的时候，唐老师说话了……）

唐　华：对不起，同学们，我打断一下。刚才关于职业的话题，大家都说了很多。不过大家有没有想过，在生活中你们觉得什么最重要？佳佳，你先来。

黄佳佳：我认为快乐最重要。心情好很关键，心情好了做什么都有劲头，吃什么都觉得香，做什么都觉得有意思。

金大永：我觉得快乐很重要，但是生活中更重要的是健康，没有健康就没有快乐！心情再好的人如果病了，也快乐不到哪儿去。

丽　莎：你们说的都有道理。不过我认为在我的生活中"爱"最重要。爱自己、爱家人、爱朋友。如果每个人心里都充满爱，那么做什么都觉得快乐，病了也会乐观。这样的人生多有意义啊！

唐　华：大家说的都很有意思。现在社会上流行这么一句话，叫做"没什么别没钱"，很多人觉得生活中钱最重要。你们同意吗？

哈　利：我不这么看。有钱也不一定什么都做得成。有钱能买来健康，带来快乐吗？我有个中国朋友，他也相信钱最重

第二十九课　理想的职业

要，于是每天拼命赚钱，常常连着好几个晚上不睡觉。后来是有钱了，可身体累坏了。你说有钱又有什么意思？

练习　Exercises

一、朗读下面的句子，请注意语音、语调　Read the sentences aloud and pay attention to the tone

1. 原来是这样。我还以为你没钱了呢！
2. 怎么可能？当然希望是有挑战性的、待遇高的、升职机会比较多的。
3. 你呀！还没进公司呢就想当经理了。
4. 对不起，同学们，我打断一下。
5. 这样的人生多有意义啊！
6. 你说有钱又有什么意思？

二、替换练习　Substitution drill

1. 我还以为<u>你没钱了</u>呢！

   他不来了
   我们吃不了这么多
   _____

2. 还没<u>进公司</u>呢就想<u>当经理</u>了。

   下课　　去哪儿玩儿
   毕业　　赚大钱
   结婚　　_____

3. 学好汉语不太容易，就拿汉字来说，写汉字实在太难了。

汉语发音太难了	声调	四个声调我常常分不清
便宜的东西不一定不好	衣服	有些衣服不贵，穿着也很漂亮
那家饭店的菜都很贵	____	_____

4. 没有健康就没有快乐！

努力	收获
妈妈	现在成功的我
运动	____

5. 心情再好的人如果病了，也快乐不到哪儿去。

身体	好	人	天天抽烟	健康
做法	容易	菜	由爸爸做	好吃
汉语水平	____	学生	_____	

6. 每天拼命赚钱，常常连着好几个晚上不睡觉。

他学习很努力	好几天不出去玩儿
弟弟的学校考试很多	几个星期都要考试
她很喜欢买衣服	_____

三、根据所给词语完成对话　Accomplish the dialog according to the given words

1. A：要回国了，能见到家人了。多好啊！你怎么不高兴？

　　B：_____。（面临）

2. A：你每天学习汉语，已经很辛苦了，为什么还要打工呢？

　　B：_____。（为……打基础）

3. A：她不是说要减肥，不吃饭了吗？现在怎么又在吃？

   B：_____。（……是一回事，……是另一回事）

4. A：你觉得学习汉语什么最重要？

   B：_____。（关键）

5. A：小王，真不好意思。我今天没买菜，只能请你吃面条了。

   B：_____。（V什么都……）

6. A：这是我的行李，帮我看看有没有什么忘带的？

   B：钱带了没？_____。（V什么别V……）

四、按照下面的提示复述课文　Recite the text according to the prompt

课文一

1. 唐华老师请同学们讨论什么问题？为什么要讨论这个问题？
2. 芳子的计划是什么？她为什么在旅行社做兼职？
3. 金大永的构想（gòuxiǎng; conception）是什么？有什么标准？
4. 丽莎想做什么？她觉得她的理想难不难做到？难在哪里？

课文二

1. 唐老师打断同学们的讨论是为了什么？
2. 黄佳佳觉得什么最重要？为什么？
3. 金大永同意黄佳佳的说法吗？他又是怎么想的？
4. 丽莎的想法跟金大永和黄佳佳的一样吗？
5. 哈利同意"没什么别没钱"这句话吗？为什么？

五、根据下面的情景作对话练习　Make a dialog according to the scene

1. 内容：讨论课上，唐老师请大家随便说说，学好汉语后打算做什么，理想的生活是什么样的。

   角色：唐老师和学生们

2. 内容：丽莎问芳子、黄佳佳和李阳，理想的男/女朋友是什么样的？
（芳子想找个对自己好的日本男孩，他最好也在上海学习汉语，两个人天天在一起，为以后打基础；黄佳佳在印尼有男朋友，是从小一起长大的。她的构想是毕业后回国结婚生一个儿子两个女儿；李阳也想要有个温柔的女朋友，但是他想先有事业再结婚。）
角色：丽莎和她的朋友

练习1和2的参考词语：

> 快……了　要……了　面临　什么样　理想　计划
> 为……V　为……打基础　原来是这样　我还以为……呢
> 别开玩笑了　构想　不是……吗？　怎么可能有……
> 挑战性　要是……，那该多好啊　还没……就想……了
> 跟……不同　……是一回事，……又是另一回事
> ……，就拿……来说，……　既……又……

3. 内容：讨论课上，大家讨论找工作时什么最重要？钱、待遇、兴趣还是跟自己的专业有没有关系等。同学们都说了自己的选择和理由。
角色：同学们

4. 内容：有中国人问你和你的朋友，在你们看来生活中什么最重要？你们说了自己的选择和理由。
角色：中国人、你和你的朋友

练习3和4的参考词语：

> 对不起，打断一下　关于　什么最重要　认为……最重要
> 关键　V什么都有……　没有……就没有……　又有……
> ……再　如果……，也……　不到哪儿去　充满……
> 多……啊　流行这么一句话　V什么别V……　不这么看
> 不一定　拼命……，常常连着……　Adj.+坏了

六、请你说说

1. 你有没有想过十年后的你是什么样的？你能达到你的理想吗？困难在哪儿？
2. 你选择职业的标准是什么？你们国家的年轻人选择职业的标准又是什么？
3. 有人说"干得好不如嫁得好"，你同意吗？说说理由。
4. 你觉得什么样的生活最有幸福的感觉？谈谈你的幸福观。
5. 你同意"没什么别没钱"这句话吗？为什么？

▶活动

全班同学分成两组，进行辩论：
题目：你觉得生活中什么最重要？
甲方：钱最重要，没有钱什么事都干不了。
乙方：钱并不是最重要的，很多事有钱也买不到。

第三十课

送 别

1. 快放假了,你有什么打算?准备回国还是去旅游?
2. 下学期你在中国学习汉语还是回国?回国后你有什么打算?
3. 如果现在你要回国,你准备给家人和朋友买什么礼物?

1. 欢送	huānsòng	(动)	see off	환송하다.	歓送する、暖かく見送る
2. 分别	fēnbié	(动)	leave each other	헤어지다.	分かれる
3. 转眼间	zhuǎnyǎnjiān		soon	눈 깜짝할 사이.	あっという間に
4. 情景	qíngjǐng	(名)	scene	장면.	ありさま
5. 伤感	shānggǎn	(形)	sad	슬퍼하다.	悲しい、寂しい

课文一　Text

时间过得太快了

唐老师：就要放假了，很多同学都要回国。今天我们开这个欢送会，就是想让大家在分别前再聚一聚。大家有什么想说的尽管说吧。

芳　子：时间过得真快，转眼间一年已经过去了。现在我还记得和哈利一起去看电影、看杂技的情景。这一年和大家在一起过得很愉快，我得到了不少同学的帮助，在这里我要谢谢大家。不管走到哪里，我都会想念你们。希望我们以后能经常联系，一会儿互相留一下 E-mail 和电话号码吧。

丽　莎：就是，时间过得太快了，我马上就要回法国了。我真舍不得离开大家啊！我还记得和芳子去买旗袍，和李阳被堵在路上的事情。这一年和大家一起学习，一起玩儿，真的很高兴，我这一辈子都不会忘记的。我家就在巴黎，欢迎你们去我家做客。

黄佳佳：好的，丽莎，我有机会一定去巴黎找你，到时候你可不能不管我啊！哎，一想到我们要分别了，我心里就很难受，都想哭了。我真恨不得天天和你们在一起。

李　阳：又不是见不着了，不要这么伤感嘛！我一直在上海，你们来了一定要告诉我，大家肯定还有机会见面的。

生词二 New words

1.	盼望	pànwàng	（动）	look forward to	간절히 바라다.	待ち望む
2.	筵席	yánxí	（名）	banquet	연디적.	宴会
3.	永远	yǒngyuǎn	（副）	forever	영원히.	永遠に
4.	怀念	huáiniàn	（动）	yearn	회상하다.	懐かしく思う
5.	缘分	yuánfèn	（名）	fateful feeling	인연.	縁
6.	顾	gù	（动）	consider	돌보다.	気を配る
7.	纪念	jìniàn	（名）	memory	기념(하다).	記念する
8.	趟	tàng	（量）	measure word	차례. 번. (왕래 횟수)	往復する動作の回数を数える、回

课文二 Text

祝你一路平安

（丽莎要回国，大家到机场为她送行……）

丽　莎：真没想到这么快就要回去了，原来我天天盼望回国，可真到了这一天，我又舍不得走了。

芳　子：丽莎，我也舍不得你走，不过"天下没有不散的筵席"，我们早晚都要分开，以后你要常给我打电话、发邮件啊！

丽　莎：好，我一定会跟你们保持联系，你们也别忘了我。

第三十课 送别

哈　利：放心，我们永远都不会忘记你的。真怀念我们在一起的日子，天天都有说有笑的。中国不是有句古话嘛，"有缘千里来相会"，我们从不同的国家来到中国，并且能聚在一起，这就是缘分啊。

金大永：对了，黄佳佳，你昨天不是说要送礼物给丽莎吗？

黄佳佳：哦，看我只顾伤心了，把这么重要的事都忘了。丽莎，这是我送你的礼物，是我从印尼带过来的。你留着做个纪念吧，希望你一看到它就想到我。

丽　莎：谢谢你，佳佳。我一定会想你的，也会想你们大家。

李　阳：好了，丽莎，别难过了。这没什么，我们一定会再见面的。现在交通这么发达，想见面还不容易嘛，坐趟飞机就行了。

芳　子：丽莎，飞机就要起飞了，你该进去了。祝你一路平安！

一、朗读下面的句子，请注意语音、语调　Read the sentences aloud and pay attention to the tone

1. 时间过得真快，转眼间一年已经过去了。
2. 到现在我还记得我和哈利一起去看电影、看杂技的情景。
3. 我真舍不得离开大家啊！
4. 又不是见不着了，不要这么伤感嘛！
5. 我们早晚都要分开，以后你要常给我打电话、发邮件啊！
6. 中国不是有句古话嘛？"有缘千里来相会"。

二、替换练习　Substitution drill

1. 就要<u>放假</u>了。

   放学
   到春天
   _____

2. 我 <u>真舍不得离开大家</u>啊!

她	很	离开父母
我	很	跟男朋友分手
我们	非常	_____

3. <u>我有机会一定去巴黎找你,到时候你可不能不管我</u>啊!

改天我去你家做客	你能给我做中国菜吗?
过一段时间我弟弟要去上海	请你帮我照顾一下他。
我和男朋友马上就要结婚了	_____

4. 又不是<u>见不着</u>了。

   好不了
   去不成
   _____

5. <u>我们</u>早晚都要<u>分开</u>。

你们	回国
他	长大
他俩	_____

第三十课　送别

6. 现在交通这么发达，想见面还不容易嘛。

他人这么好说话（hǎoshuōhuà）	请他帮忙
你这么优秀（yōuxiù; outstanding）	找个好工作
她人这么漂亮	_____

三、根据所给词语完成对话　Accomplish the dialog according to the given words

1. A：我感觉现在时间过得越来越快了。
   B：是呀，_____。（转眼间）

2. A：我想去旅游，你可以陪我去吗？
   B：_____。（不管……都……）

3. A：快放假了，我越来越想家了，你呢？
   B：_____。（恨不得……）

4. A：一想到要和你分开了，我就很难过。
   B：_____。（又不是……了）

5. A：你觉得我们还会再见面吗？
   B：_____。（有缘千里来相会）

6. A：我今天不想在学校吃饭，想出去吃。
   B：_____。（想……还不……）

四、按照下面的提示复述课文　Recite the text according to the prompt

课文一

1. 唐老师为什么给大家开欢送会？
2. 在欢送会上，芳子说了什么？（转眼间……，记得……，不管……都……，希望……）

3. 丽莎说了什么？（舍不得……，我还记得……，这一年……，我家就在……）

4. 黄佳佳说了什么？（我有机会……，一想到……，我真恨不得……）

5. 李阳又说了什么呢？（又不是……了）

课文二

1. 丽莎要回国了，她想回去吗？芳子舍得丽莎吗？芳子说了什么话？

2. 哈利对丽莎说了什么话？（永远……，真怀念……）

3. 黄佳佳送丽莎礼物了吗？她为什么送礼物？

4. 李阳说了什么？（我们一定会……，想……还不容易）丽莎临走前，芳子又说了什么？（祝……）

五、根据下面的情景作对话练习 Make a dialog according to the scene

1. 内容：两个朋友都要回自己的国家了，在一起聊天儿。
   角色：两个朋友

2. 内容：你的外国朋友就要回国了，你请他吃饭。
   角色：你和外国朋友

练习1和2的参考词语：

> 就要……了　尽管……　转眼间……　我还记得……
> 我这一辈子……　不管……都……　希望以后……
> 舍不得……　到时候……　恨不得……　又不是……了

3. 内容：哈利要回国，芳子和李阳去机场送他。
   角色：哈利、芳子和李阳

4. 内容：三个在旅行时遇到的朋友在一起待了一个月，旅行结束了，他们也要分开了。

第三十课 送别

角色：三个朋友

练习 3 和 4 的参考词语：

> 早晚都要……　　天下没有不散的筵席　　一定会……
> 有缘千里来相会　　缘分　　怀念　　伤心　　难过　　保持联系
> 这就是……　　不是……吗？　　看我只顾……了
> 想……还不容易　　祝你一路平安！

六、请你说说　Have a talk

1. 你们班有人要回国吗？回国时会有一大堆留着没用、扔了又可惜的东西，打算怎么做？
2. 你来中国以前，你的父母和朋友都对你说了什么话？你又跟他们说了什么？
3. 如果你的一个好朋友就要回国了，你想给他写一封信。你会写些什么？
4. 跟你的同学或好朋友开一个联欢会，准备一些节目，说说你们的心里话，互留赠言。

生词总表

A

安排	3
按时	21
按照	4
熬夜	8

B

白	6
百思不得其解	21
班	1
宝贝	9
保护	16
报道	4
报名	5
抱歉	26
备课	20
笔记	10
笔译	25
毕竟	18
避免	16
鞭炮	4
便于	21
遍	11
标准	29
标准间	2
表达	24
表现	24
表演	5
病毒	8
补	2
不见不散	7
不愧	8
不止	6
布置	10/22
部	13

C

擦	4
裁缝	14
踩	18
惨	16
厕所	18
差异	24
产生	23
常用	28
吵	23
趁	12
成立	11
吃苦	13
尺寸	14
充满	29
充实	28
出差	12
出冷汗	19
出事	5
出行	16
除夕	4
厨房	17
传染	21
传统	4
船到桥头 自然直	24
喘气	3
创可贴	28
春节	4
春联	4
从事	29
凑热闹	7
促销	14
窜	17
存	14
错开	16

D

打断	29
打盹儿	8
打工	25
打扰	25
打扫	4
打算	1
打听	3
打折	1

打针	9	定做	14	肺	20	功夫	13
大饱口福	19	咚咚	17	费用	11	功课	11
大便	18	懂事	9	分别	30	恭喜	5
大方	14	动人	3	分公司	29	沟通	23
大手大脚	14	都市	18	分类	21	估计	15
待	3	堵车	16	分手	24	鼓励	16
待遇	29	对	24	浮	15	故障	26
单程	1	对方	8	符号	8	顾	30
单间	2	炖	15	辐射	28	怪不得	6
耽误	2	多亏	27	辅导	11	怪事	21
导演	13	多退少补	2	付	2	关键	29
导致	16			负责	22	管	12
倒霉	16	发财	5			光	10
倒	6	发达	21	改良	14	广泛	7
到底	3/5	烦	2	干燥	28	规则	16
道理	12	反映	17	感动	22	锅	15
灯笼	6	犯困	21	感觉	3	过奖	7
地道	19	方法	11	感受	4		
地理	19	方面	11	高速公路	16	害怕	10
地陪	26	方式	21	高原	28	含蓄	24
电视台	5	防	28	根本	9	好不容易	22
顶呱呱	25	放松	7	根据	4	好像	2
订	1	放心	4	公筷	21	好心人	23

F

G

H

好在	23	纪念	30	经验	25	夸张	20
红包	6	加紧	7	惊喜	22	宽敞	5
红药水	28	家常便饭	16	惊险	13	款式	14
后悔	14	假期	1	精打细算	14	困惑	21
互相	7	坚持	3	精神	8	**L**	
户口	9	兼职	25	颈椎	7	垃圾	21
话题	29	检修	26	敬酒	27	拉肚子	19
怀念	30	减肥	21	聚	4/7	蜡烛	22
欢送	30	建议	1	**K**		来不及	18
黄昏	3	讲究	19	卡拉OK厅	2	篮子	2
回头	13	交杯酒	27	开放	24	郎才女貌	27
活泼	25	交流	29	开销	14	浪费	14
J		叫早	26	开业	6	浪漫	27
机会	3	接着	15	开夜车	21	老家	28
积极	10	结伴	8	开支	14	乐	3
基础	29	介意	26	考察	28	乐观	29
激动	22	戒烟	20	考官	25	礼服	27
及时	10	紧张	1/13	考虑	10	理解	13
吉利	4	尽管	25	靠	12	理想	29
疾病	21	尽快	10	恐怕	24	利于	18
集	2	进步	11	口味	19	例子	23
几乎	9	近郊	16	口香糖	20	联系	5
计划	8	劲头	29	夸奖	15	脸色	12

恋人	3	面团	15	篇	4	清理	18
料子	14	明亮	17	骗	22	情景	30
另外	25	蘑菇	15	票务	1	请教	5
流浪	9	难得	1	拼命	29	庆祝	27
流利	11	难怪	8	拼音	10	区别	19
流行	29	难过	9	平安	23	全身	21
路过	7	难免	24	平时	12	劝	9
旅行社	1	难忘	22	破费	5	确实	21
绿地	18	**N**		**Q**		**R**	
乱买一气	28	尼古丁	20	齐全	17	惹	9/17
轮到	4	捏	15	奇怪	24	人生	29
落后	12	农历	4	旗袍	13	荣幸	5
M		暖和	1	气氛	4	容	17
麻将	17	**O**		气候	19	入乡随俗	6
埋怨	12	偶然	25	气压	28	**S**	
满	2	**P**		起飞	1	沙滩	3
满足	26	拍	13	千万	6	伤感	30
矛盾	23	派	2	歉意	26	伤害	20
免得	18	盼	22	亲手	15	烧	15
勉强	24	盼望	30	亲吻	24	稍等	15
面饼	15	陪同	26	亲眼	13	稍微	12
面临	29	盆	4	轻松	26	舍得	9
面试	25	捧	27	清淡	19	设施	2

社会	29	思考	20	通知	22	现场	13
身份	18	思路	20	通	6	现象	16
升职	29	死机	8	透	23	羡慕	12
生意	16	俗话	19	图片	7	相称	18
胜利	3	塑料袋	21	吐痰	18	相守	24
剩下	9	随便	5	**W**		想念	22
师傅	23	随地	18	外卖	15	项	15
实在	3	**T**		往返	1	小便	18
市长	16	躺	3	温差	28	小吃	6
式	24	趟	30	文章	20	小笼包	6
适应	23	讨论	8	卧室	17	小区	7
室内	7	特色	13	污染	20	效果	12
收获	27	提高	10	屋脊	28	心爱	3
收容	9	提供	2	无聊	11	心平气和	18
收拾	4	提醒	10	物业	17	心疼	12
手册	10	体检	20	误会	12/23	心意	5
手套	27	体温计	28	**X**		新鲜	20
首先	8	体育	7	希望	6	信心	25
受不了	19	天花板	17	喜气	27	行程	26
售票员	23	天堂	3	喜气洋洋	4	行动	22
瘦	21	添	2	下载	8	形象	18
数字	6	挑战性	29	吓一跳	17	幸福	6
顺利	18	贴	4	闲	28	修	2

修改	14	以……为主	27	在乎	24	重视	12
许愿	22	意义	29	糟糕	18	竹竿	21
学问	19	因此	25	增长	16	煮	15
血压	20	应有尽有	2	赠送	2	祝愿	26
训练	7	迎接	4	站台	24	专门	12
		影响	20	招兵买马	28	转	5

Y

押金	2	拥抱	24	招待	5	转眼间	30
严重	16	永远	30	照顾	9	装备	28
研究生	11	油腻	19	照样	17	状况	16
筵席	30	游戏	7	整	3	准时	26
眼光	16	预习	10	正好	7	捉弄	27
眼看	28	遇到	3	正式	27	资料	8
养	9	原来	1	症状	28	紫外线	28
要不然	10	缘分	30	值得	8	自从	11
要求	17	约	7	纸屑	18	自在	3
夜猫子	23	允许	26	指	6	自助	1
一辈子	27	运气	6	至少	26	租	17
一次性	21	晕车	28	制订	10	足足	16
一旦	28			中	8	遵守	16
一举两得	11	杂技	13	中介	17	作为	6
一向	9	再利用	21	衷心	26	做法	21

Z

专名

D

东北	15
东北大拉皮	15

F

福州	23

H

海南	1
虹桥机场	1
《花样年华》	13
昆明	26

L

鹿回头	3

N

南京	18
纽约	28
农家乐	15

P

浦东	1

Q

青藏高原	28
青海	28

S

三亚	1
上海	18
上海马戏团	13
上海师范大学	17
苏州	23

T

天涯海角	3

X

西藏	28
香港	13
小鸡炖蘑菇	15
新天地	22

Y

豫园	6
云南	26